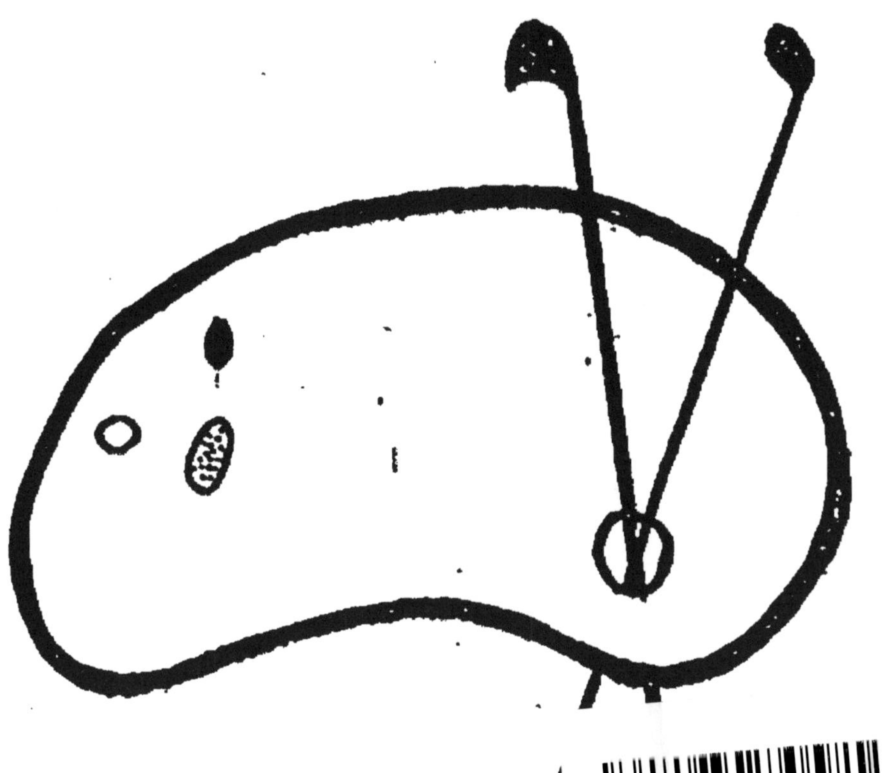

JACQUES DU TILLET

En Égypte

Librairie Schleicher Frères.

En Égypte

TOURS
IMPRIMERIE DESLIS FRÈRES

JACQUES DU TILLET

En Égypte

PARIS
SCHLEICHER FRÈRES, ÉDITEURS
15, RUE DES SAINTS-PÈRES, 15

1900

EN ÉGYPTE

On ne trouvera dans ces pages que des « notes » rédigées au hasard du souvenir... Invité à prendre passage sur *l'Indus*, que la Compagnie de Suez avait frêté pour l'inauguration de la statue de Ferdinand de Lesseps, j'ai tenté de marquer quelques moments de ce beau voyage, — pour moi, d'abord, et pour ceux qui l'ont fait avec moi.

LA SICILE

Depuis le matin, l'*Indus* range les îles Lipari. Les amateurs de pittoresque « précis » ont pu entrevoir le Stromboli et son calumet pacifique, sans se douter peut-être que nos grands-pères y plaçaient l'entrée du purgatoire. Car le purgatoire, tout comme l'enfer, avait son entrée spéciale; excellent moyen, quoique ingénu, pour éviter les encombrements; exemple qu'il sera bon, peut-être, de nous rappeler plus tard si le culte des Apis nous semble empreint de quelque puérilité.

... A mesure que nous avançons, la côte de Sicile apparaît plus nette, à travers la brume que le soleil teinte de rose et de lilas. Des plateaux étagent leurs nobles lignes, et, par terrasses, s'abaissent jusqu'à la mer, avec... on serait tenté de dire : avec « de beaux gestes ». A gauche, et dans l'ombre encore, Scilla, dont les maisons, accrochées au flanc de la côte italienne, dominent le classique et inoffensif écueil. Nous doublons le Faro, cherchant la place où fut Charybde. Et Messine apparaît, toute blanche, au pied des montagnes de Sicile : des montagnes modestes, mais d'une surprenante beauté. Au lieu des plateaux qui, sur la côte nord, venaient en gradins jusqu'à la mer, des sommets s'érigent, et se profilent avec netteté sur le bleu matinal du ciel. De chacun de ces sommets, des pentes dévalent avec une grâce noble. Parfois la ligne descendante s'interrompt ; une colline plus basse la relève un instant ; des bouquets d'arbres s'y accrochent, retombent mollement vers le rivage, et l'élégance tranquille de leurs plis étagés fait songer aux plis du péplos antique... L'on dirait qu'un souple voile, drapé à « la grecque », recouvre pieusement cette terre où frémit encore la race abolie de ses hôtes divins. Car ce mont aperçu que couronne un nuage, c'est l'Etna, où les Cyclopes continuent de souffler leurs forges inutiles : ces lourdes montagnes vont s'animer, et les géants qu'elles figurent s'apprêtent à sortir de leur long sommeil ; les fabuleux Lestrygons s'abritent dans ces grottes ; ces gorges boisées, où des ombrages plus verts annoncent une source, c'est là que Pan garde ses chèvres. De toutes parts s'agitent les forces et les beautés naturelles, divinité de jadis; et cette mer qui nous porte est le témoin inconsolable des âges disparus...

La mer qui se lamente en pleurant les sirènes...

*
* *

... Mais, tout en subissant le charme, un scrupule nous prend, scrupule assez vain, mais qui s'impose. On a peur de n'être point sincère. D'où vient notre impression? Est-elle « directe », ou fâcheusement mélangée de littérature? Est-ce bien la seule beauté de ces rives qui les peuplait de dieux tout à l'heure, ou, au contraire, cette beauté ne nous a-t-elle frappés que parce que nous savions son histoire et ses fables?... Qu'importe, au surplus. Il est difficile, d'ordinaire, de se dégager complètement de la littérature; cela est imposible pour un pays qui, depuis l'origine des choses, fut chanté par les poètes. Si, aujourd'hui, le souvenir des mythes nous fait sentir plus vivement la beauté de cette terre, comprenons que ces mythes eurent pour origine cette même beauté. Si l'image du chèvre-pied surgit pour nous de ces vallées ombreuses et nous en fait sentir la douceur divine, c'est qu'elles parurent trop belles aux poètes de jadis pour ne pas abriter des dieux. Ainsi la littérature nous rend ce que lui avait prêté la Nature. Jouissons de cet échange avec simplicité. Vous connaissez le mot célèbre : « Un paysage est un état d'âme. » Sachons gré aux poètes de nous avoir fourni des « états d'âme » plus distingués que n'eussent été les nôtres. L'essentiel est d'avoir des raisons nouvelles d'admirer la beauté. Que ces raisons soient spontanées, ou héritées, ou acquises, il suffit que nous admirions. Et ce serait être exigeant que de ne pas se satisfaire de raisons qui suffisaient jadis à Théocrite et hier à M. de Hérédia.

C'est là, en vérité, qu'il faut lire ou entendre les admirables sonnets du poète; c'est ici que l'on comprend le nombre d'impressions et d'idées que peut renfermer un sonnet qui semble d'abord n'être que descriptif. Lors de la publication des *Trophées*, M. de Vogüé montrait que, pour écrire ces tableaux définitifs, il fallait avoit pénétré l'essence même des choses : des sonnets comme *Cydnus*, *Antoine et Cléopâtre*, la *Vision de Khem*..., ne se peuvent concevoir que si l'auteur a « vu » jusqu'au fond les êtres et les choses dont il nous montre seulement l'aspect extérieur : ainsi, attitudes, jeux de lumière, détails du paysage, rejoignent l'âme qui les a inspirés ou ressentis, et acquièrent une signification infiniment générale. Rappelez-vous la *Médaille antique :*

L'Etna mûrit toujours la poupre et l'or du vin,
Dont l'Erigone antique enivra Théocrite,
Mais celles dont la grâce en ses vers fut écrite,
Le poète aujourd'hui les chercherait en vain.

Perdant la pureté de son profil divin,
Tour à tour Aréthuse esclave et favorite,
A mêlé dans sa veine, où le sang grec s'irrite,
La fureur sarrasine à l'orgueil angevin.

Le temps passe. Tout meurt. Le marbre même s'use;
Agrigente n'est plus qu'une ombre, et Syracuse
Dort sous le bleu linceul de son ciel indulgent.

Et seul le dur métal que l'amour fit docile,
Garde encore en sa fleur, aux médailles d'argent,
L'immortelle beauté des vierges de Sicile.

Comme M. de Hérédia a fortement exprimé le charme singulier de ce pays où la beauté s'attriste du souvenir d'une beauté plus grande, charme mystérieux de la grandeur et du passé!... En somme, tourner en littérature des « impressions de voyage », c'est simplement chercher chez les grands écrivains l'expression définitive des sentiments incertains qu'on éprouve.

. .
. .

...Cependant le soleil s'est élevé. Plus chaud, et plus lumineux, il fouille et éclaire les replis de la côte; et aux montagnes où l'on n'apercevait tout à l'heure que des verdures harmonieusement confuses, des lignes plus fermes se dessinent; des villages surgissent, accrochés, comme cramponnés aux rochers; d'autres gîtent dans des coins d'ombre, et un rayon, reflété tout à coup par une façade blanche, en trahit seul la présence. Sur les pentes gazonnées, une ligne horizontale, piquée de points noirs, retient le regard: c'est une batterie, et les gueules des canons reposent sur l'herbe. Négligeons, comme dit Giboyer, ce contraste « si philosophique », et admirons seulement cette surprenente preuve de mégalomanie. Sur les coteaux italiens, comme sur ceux de Sicile, ces redoutes sont nombreuses; elles croiseraient leurs feux de façon redoutable, assurément. Mais que d'affaires pour défendre un passage que quelques heures suffiraient à tourner! Peut-être, au contraire, les forts italiens menacent-ils la Sicile, et les siciliens l'Italie?...

∴

La côte italienne, si elle est jolie, n'est que cela. Le Pezzo, Reggio, sont bien situés au bord de la mer, que longe un tranquille chemin de fer. De place en place, des sortes de larges canaux, entourés de murs, viennent aboutir à la plage, et des ponts les traversent. Ils servent à canaliser les neiges fondues qui descendent des montagnes. Elles sont assez belles, ces montagnes ; elles n'ont pas l'élégance suprême et « classique » de leurs voisines ; mais, dressés presque à pic, leurs rochers arides et rouges ne sont pas sans grandeur. Là aussi, pendant que les villes modernes se sont assises sur le rivage, des villages sont suspendus à des sommets inaccessibles ; chaque tour d'hélice nous en fait découvrir de nouveaux, dissimulés dans des gorges ; et leurs maisons rousses, bâties de pierres sèches, se confondent presque avec le rocher. On sent ici la crainte constante des incursions barbaresques. Aussitôt les voiles apparues, les habitants remontaient dans leurs forteresses ; et, si leurs champs pillés leur offraient un spectacle mélancolique, hommes et femmes, du moins, gardaient la vie sauve... La côte italienne fuit au loin, vers le nord. Un regard encore sur la Sicile... Nous quittons, hélas! « le golfe aux belles lignes »; Messine a disparu, reconnaissable seulement à la blancheur de son môle. Voici Taormine; plus loin, nichée dans la verdure, Catane; et plus loin encore, perdue dans la brume et presque invisible, c'est la pointe où repose Syracuse... La Sicile s'enfonce lentement dans la mer; la ligne de l'horizon monte et la submerge peu à peu. C'est bien ainsi qu'il faut la quitter (je prévois l'objection facile, et judicieuse d'ailleurs, qu'il est malaisé de la quitter autrement!) en la voyant se fondre insensiblement dans la mer clémente; elle meurt en beauté et en douceur. Et c'est comme un résumé de son histoire qu'elle nous offre avant de disparaître. Les poètes, jadis, la choisissaient pour le séjour des dieux. Ils y plaçaient, avec leurs plus belles légendes, les charmantes divinités inférieures qui, dans une religion tout « humaine », diminuaient la distance entre les hommes et les dieux... Mais elle était riche et puissante. Et de là vint son malheur. Sa puissance irrita la jalousie de ses voisins; sa richesse, leur convoitise. Pendant des siècles elle fut la victime de tyrannies successives et, si l'on peut dire, contradictoires. Des invasions sans cesse renouvelées détruisirent la pureté de sa race, désormais méconnaissable. La misère vint, qui acheva de l'abaisser. Cette terre, demeure des dieux, où naquit Théocrite, où vint Platon, qu'Eschyle et Pindare visitèrent, et que Sapho voulut connaître, cette terre est aujourd'hui le dernier refuge du brigandage romantique ; des bandes armées la sillonnent, arrêtent et rançonnent les voyageurs au nom de sociétés secrètes comme cette *Maffia*, dont les exploits sont d'hier... Et, pourtant, il suffit qu'elle ait été belle, habitée par les dieux et chantée par les poètes, pour qu'on lui garde un souvenir reconnaissant et doux. Réellement, elle n'est plus, elle s'est dissoute. Mais elle vit éternellement dans la mémoire des hommes. Qu'est-ce donc que la vraie grandeur, et à quoi tient-elle? Et qu'est-ce que la « vie » d'une nation ou d'un pays? Ne vaudrait-elle que par ce qu'elle a apporté de beauté à la terne humanité?...

PORT-SAÏD ET LE CANAL DE SUEZ

La journée d'hier a été dure. De la « jolie brise », — ainsi s'exprime le livre de bord, — qui mit à mal tant d'estomacs, il reste ce que les pauvres terriens appellent un grand vent. A sept heures et demie du matin, le pilote accostait *l'Indus*, non sans peine ; et à huit heures nous étions amarrés au bout de la jetée de Port-Saïd.

Grosse déception. Le « ciel d'Orient » est maussade et chargé de nuages ; point de soleil ; de la pluie ! Sous la lumière grise, la terre basse et plate, plate jusqu'à l'horizon, fait songer à la Hollande. De loin, les quais s'estompent dans le brouillard ; des cuirassés français, italiens, anglais et danois dorment sur l'eau terne ; à gauche, au-delà des ports, l'entrée du canal s'ouvre sans grandeur ; et, en face, sur la jetée même, la statue paraît lourde et fruste sous son voile ruisselant de pluie.

Cela est plat et morne. On a beau se monter l'imagination, se dire que « c'est le Canal », et que là-bas « c'est le Désert »..., la première impression est fâcheuse. La seule chose qui « sente » l'Orient, c'est les innombrables barques qui nous assiègent. Il y en a tout autour de *l'Indus*, se pressant pour atteindre l'escalier de la coupée ; et, au milieu de tas d'oranges, de citrons et de cigarettes, une légion de diables, hurlant, gesticulant, s'accablant d'injures gutturales qui semblent des menaces de mort, et causant et riant quand le passager qu'ils convoitent a fait son choix parmi eux. Les uns mangent, croquant une sorte de galette creuse que nous retrouverons dans toute l'Égypte ; d'autres fument, et, fraternellement, la cigarette passe de bouche en bouche jusqu'à la dernière bouffée. Mais galette et cigarette n'interrompent pas les vociférations ; elles reprennent, plus furieuses, dès qu'un passager fait mine de descendre. Et les prix qu'on demande pour nous mener à terre varient avec une rapidité vertigineuse, du shilling au franc, et du franc à la piastre.

Une éclaircie ; profitons-en bien vite. Une « mouche » à vapeur vient nous prendre et nous laisse devant les bureaux de la Compagnie. Nous descendons, et nous voici dans

Port-Saïd. Des rues plantées d'arbres, des maisons en bois, entourées de balcons couverts, des fiacres, des tramways, et une animation ultra-méridionale. Les rues, perpendiculaires ou parallèles à la plage, donnent quelque monotonie à la ville ; mais on y sent la richesse commençante et encore confuse, si l'on peut dire ; des magasins occupent le rez-de-chaussée de chaque maison, et des produits contradictoires y cohabitent dans une promiscuité singulière ; peu ou point d'objets « du pays » ; en revanche des soies brodées de toute beauté, et des bronzes remarquables, laissés au passage par quelque bateau de Chine ; des boutiques remplies de cigarettes du haut en bas ; et des magasins où les *latest fashions* en tous genres (maroquinerie, parfumerie, chapeaux, robes et chaussures) voisinent avec des conserves anglaises et françaises, des bouteilles de champagne ou de bordeaux... Tout cela ressemble un peu à ce qu'on imagine de ces villes provisoires de l'Alaska ou de pays analogues ; construites en hâte, avec les premiers matériaux venus, elles s'enrichissent si vite que le temps manque pour les rebâtir : le contenu a centuplé : le contenant reste encore le même, jusqu'au jour où son insuffisance devient un obstacle au développement du marché. Il semble, d'ailleurs, que ce moment soit tout proche pour Port-Saïd. Lorsque petit tramway à vapeur qui le relie à Ismaïliah, et *qui n'a pas le droit de transporter les marchandises*, sera remplacé par une vraie ligne de chemin de fer, Port-Saïd prendra un développement considérable et deviendra l'un des ports les plus importants de la Méditerranée.

Une rapide visite au village arabe, construit, comme partout en Orient, aux portes de la ville européenne, et nettement séparé d'elle. L'Orient commence ; le grouillement des innombrables gamins demis-nus, les hommes en longue robe bleue, les femmes voilées, avec la curieuse tige de cuivre qui rejoint le voile à la coiffure, les cafés maures, les boutiques où le marchand paisible attend l'acheteur en fumant ; et, à l'extrémité, — ô joie !... — entre la plage et le lac Menzaleh, nous rencontrons, majestueux et résignés, nos premiers chameaux !...

*
* *

... Je reviens, émerveillé, d'une longue visite aux ateliers, à l'usine d'eau douce, aux bassins... que sais-je ! Pendant quatre heures nous avons écouté, regardé, regardé encore. Et c'est maintenant seulement qu'on commence à se rendre compte de ce qui a été fait ici! Je ne veux pas, et pour cause, refaire l'histoire du Canal ; elle vient d'être récrite, et par quelqu'un qui me touche de trop près pour que j'ose en sa faveur la plus discrète « réclame [1] ». Tout ce que je puis tenter, c'est de résumer l'extraordinaire impression d'activité, de travail, de force tranquille et assurée, dont le souvenir m'est encore présent.

Voici cinquante ans, là où nous sommes, il n'y avait rien ; et ceci n'est ni une formule ni une image ; ce rien était vraiment *rien :* du sable, et la mer. Lors des études préparatoires, les travailleurs demeuraient sous la tente. Les premières maisons que l'on bâtit, on les bâtit sans presque savoir si elles tiendraient debout; les courants bouleversaient le rivage : la maison où habita Ferdinand de Lesseps, alors sur la plage, en est maintenant éloignée de deux ou trois cents mètres. Et, s'il n'y avait pas de quoi se loger, il n'y avait ni de quoi manger, ni de quoi boire ; les moindres « provisions » venaient de Damiette ou même d'Alexandrie! Il a fallu abriter, abreuver, nourrir des centaines d'employés de tout genre. Le canal

[1] Voir la *Revue de Paris* des 1er et 15 octobre et 1er novembre 1899.

Ismaïlieh, d'abord creusé de Zagazig à Ismaïliah, détacha un embranchement vers Port-Saïd, longeant le canal maritime : mais ce n'était qu'une mince conduite de fonte, et il fallut quarante ans pour être autorisé à en faire le canal d'eau douce. Toutefois, l'on put boire ; on peut, maintenant, arroser ; des arbres ombragent les rues, des jardins se cultivent, des légumes poussent, en assez grand nombre pour que les navires, en passant, puissent rafraîchir leurs garde-manger. Et, pareillement, le chemin de fer à voie étroite met les habitants à l'abri du besoin.

Cette ville construite en hâte, il a fallu la rendre habitable pour les milliers de passagers qui, au temps où l'on ne passait le canal qu'en plein jour, désiraient oublier pour une nuit les délices de la « couchette », — et aussi pour ceux qui viennent y attendre les paquebots à destination de l'Europe ou de l'Extrême-Orient ; des hôtels se sont bâtis, et quelques-uns sont d'un confort achevé.

Mais cette ville, commerciale par sa situation même, il fallait aussi qu'elle fût « industrielle ». Si les puissantes dragues qui ont tant contribué à l'achèvement du canal ont été construites en Europe, il a fallu créer à Port-Saïd des ateliers pour les réparer ; et ces ateliers, forcément, devaient être capables, d'abord, de fournir eux-mêmes les « pièces » manquantes, et, ensuite, de pourvoir aux avaries que les paquebots auraient pu éprouver pendant leurs traversées. Aujourd'hui les ateliers fabriquent eux-mêmes presque tout ce dont ils ont besoin : on nous a montré des pièces d'acier d'un fini admirable. Le temps n'est pas loin où, sauf pour les « morceaux » spéciaux, les forges de Port-Saïd se suffiront à elles-mêmes.

Commerciale, agricole et industrielle, cette ville devait être surtout « maritime ».

Ces dragues gigantesques, ces nombreux remorqueurs, ces grands navires qui relâchent à Port-Saïd, il fallait les loger; surtout il fallait loger, à l'abri des courants et du vent, les chalands chargés de charbon, indispensables aux paquebots en transit. Des bassins ont été créés: à Port-Saïd même, puis, en face, sur la « rive Asie ». Et des brise-lames, des digues, des « épis »!... Songez que Port-Saïd, c'est du sable, et rien que du sable, et jugez de l'ingéniosité opiniâtre qu'il a fallu mettre en œuvre! Ajoutez que ce sable est constamment en mouvement. On a dû « calculer les fantaisies » des courants; bien entendu, on est arrivé à une solution : quand un mathématicien calcule, il en trouve toujours une; mais, chose incroyable, cette solution était la bonne! On sait d'où vient le sable, on sait comment le repousser (on y est arrivé grâce à une méthode singulièrement « élégante »). Bref, Port-Saïd est aujourd'hui à l'abri des envahissements qui le menaçaient. — Là où il n'y avait rien s'élève et prospère une ville maritime, industrielle et commerciale, créée, on peut le dire, créée tout entière par la main des hommes.

On comprend la stupeur de ceux à qui Ferdinand de Lesseps exposa son plan pour la première fois : fonder, sur cette lagune déserte, une ville, point de départ d'un ouvrage sans précédent! On comprend ce qu'il a fallu d'obstination géniale à ce « grand entrepreneur » pour surmonter d'aussi insurmontables difficultés. Et, lorsqu'on se rappelle que ces obstacles physiques n'étaient rien auprès des obstacles politiques et moraux suscités par l'Angleterre, on est, en vérité, pénétré d'admiration!

On conte qu'en 1869 les souverains qui faisaient cortège à Sa Majesté l'Impératrice Eugénie télégraphièrent à leurs gouvernements pour affirmer que « c'était vrai », qu'ils avaient réellement passé, en bateau, de la Méditerranée dans la mer Rouge... Après avoir vu

Port-Saïd, on excuse presque leur stupeur. — Et « ceci » explique « cela »... Nulle entreprise ne devait paraître impossible à l'homme qui avait achevé celle-ci, et triomphé des hommes en même temps que de la nature.

*
* *

Mais ce n'est pas seulement l'admiration qu'inspire la vue de Port-Saïd. Le spectacle est plein d'enseignements. Si l'on veut bien y réfléchir, on voit que, ce qui s'est créé là, c'est plus qu'une ville : c'est une manière de microcosme. Un véritable « État » est né et s'est formé pendant et depuis les travaux de l'isthme. Sa croissance a été d'une rapidité surprenante (surtout pour nous autres, Européens), si rapide qu'on en peut discerner les étapes successives, à peu près comme, sur les rives du haut Nil on voit les couches successives de terre nourricière apportées par le fleuve.

Je tentais tout à l'heure de montrer ce qu'était devenu Port-Saïd et pourquoi il l'était devenu. Et, sans doute, la « nécessité » a été pour quelque chose dans ses progrès. Encore fallait-il qu'elle fût aidée ; et elle l'a été, avec un zèle et une intelligence dignes d'admiration... (Si c'est là de la « colonisation » assez particulière, c'en est tout de même; et l'on est heureux de constater une fois de plus ce que nous pouvons faire, quand on consent à nous laisser tranquilles.) — Ce n'est pas tout. Reprenons la comparaison avec un « État ». Tout État suppose un gouvernement : en l'espèce, le conseil d'administration de la Compagnie du Canal. Si distingués que puissent être ceux qui le composent, je ne veux pas..., non, je ne veux pas les croire supérieurs aux hommes d'État qui nous gouvernent depuis vingt-cinq ans. Mais *leur intérêt se confond avec l'intérêt de leurs gouvernés*... Réfléchissez un instant à ceci. Vous verrez, hélas! que c'est à peu près le contraire de ce qui se passe chez nous, où le gouvernement n'a d'autre souci que de favoriser le parti, ou même la coterie, qui le soutient au pouvoir, parti ou coterie dont les intérêts sont trop souvent en contradiction avec les intérêts généraux du pays. Et si cela vous aide à comprendre la prospérité de Port-Saïd, cela vous expliquera peut-être aussi pourquoi tant de bonnes volontés et tant d'énergies restent si souvent impuissantes!...

---

* * *

... La nuit est venue. Les nuages se sont dissipés. Le ciel, un vrai ciel d'Orient, enfin! est d'un incomparable éclat. La lune baigne les terres et la mer de sa clarté tranquille. De la tempête d'hier reste seulement une forte brise qui pousse vers la plage de petites lames courtes et mousseuses.

... Et c'est une inoubliable et tragique vision.

En face de nous, sur la jetée, la statue se dresse, toujours voilée; sa grande ombre s'étend au loin sur la mer, et sur le sable argenté de la plage. Sous la poussée du vent, le voile claque sur le bronze; ce voile, raide de la pluie récente, se tend avec des plis rèches : une main s'est découverte, celle qui montre la route vers Suez: et, sous sa forme gourde et noire que le vent fait changeante, la statue semble frémir toute. On sent, on croit voir en elle un effort éperdu pour se débarrasser de ce noir qui l'enserre. On dirait que la tête va paraître à son tour, et l'on devine, on attend le premier regard, le regard chargé d'angoisse qui cherchera à reconnaître la côte qui s'étend là-bas, si c'est la

Méditerranée, ou la côte lointaine, si lointaine, du Pacifique...

Et l'admirable prolongement de notre émotion que devait nous donner le lendemain M. de Vogüé! Comme nous l'avons reconnue, cette « vigie anxieuse » attendant le navire qui passera « après avoir fait le tour abrégé du monde en franchissant, dans les deux hémisphères, les deux canaux interocéaniques »... Mais c'est jour de fête, aujourd'hui. Un soleil qui met partout la joie et la lumière; une brise tiède, qui fait claquer les drapeaux et les oriflammes. Des uniformes, des croix, des toilettes claires; et, sur tous les visages, une émotion heureuse et comme reconnaissante. La statue, dévoilée maintenant, apparaît, un peu gauchement solennelle, mais imposante toutefois. Des musiques éclatent. Les pompiers de Port-Saïd battent aux champs; et cette sonnerie française est douce à nos oreilles. Puis c'est la Marche khédiviale. Son Altesse, Abbas-Hilmy, apparaît au bout de la jetée. Le Conseil de Suez vient à sa rencontre, et l'amène jusqu'au trône préparé pour lui. Il se lève et, en quelques mots pleins de dignité courtoise, inaugure la série des discours. Après lui, parle M. le prince d'Arenberg, qui, avec un tact suprême et la plus spirituelle bonne grâce, résume à grands traits la vie et l'œuvre de Ferdinand de Lesseps. Puis c'est M. de Vogüé, parlant au nom de l'Institut de France, et j'ai dit, et je redis avec quelle inoubliable éloquence, il a commémoré son illustre confrère. Enfin M. Charles de Lesseps adresse au Khédive, au Conseil de Suez, et à tous, quelques remerciements délicatement émus...

*
* *

Voici achevée la première journée des fêtes. Journée réconfortante à plusieurs titres. Elle répare une injustice... ; soyons plus exact : elle met fin à un malentendu dont, il faut le dire, la vraie opinion publique n'avait jamais été complice. Elle fête dignement l'un de nous. Et c'est de la gloire française qui vient rayonner sur cette terre dont nous fûmes chassés. Elle est réconfortante encore, parce qu'elle montre de quoi sont capables les meilleurs d'entre nous, quand on les laisse manifester en paix leur énergie et leur volonté. Et elle montre, avec un éclat inaccoutumé, ce que c'est que l'énergie et la volonté. Elle nous fait voir enfin, — et, pour cela, je vous renvoie une fois de plus au discours de

M. de Vogüé, — que la volonté et l'énergie n'excluent pas la poésie. Le rêve de Lesseps fut celui d'un poète : et nul poète n'en fit jamais de plus beau : *aperire terram gentibus!*... Son œuvre fut celle d'un « grand entrepreneur ». Il la réalisa avec une ténacité souple et cordiale, si l'on peut dire, avec une adresse opiniâtre, qui étaient bien de race, et par quoi il fut vraiment le Grand Français.

LE CANAL, ISMAÏLIAH, SUEZ

... Il est midi. Partis de Port-Saïd vers huit heures, nous venons de passer à El Kantara, et la chaleur est « orientale ». Sur la rive Est, — la « rive Afrique », — le lac Menzaleh étend à perte de vue ses eaux languissantes ; quelques barques le sillonnent, élégantes avec leur vergue fine, leur grande voile et leur proue relevée ; parfois un vol de flamants vient s'abattre sur un banc de sable. Sur la rive Ouest, c'est, aussitôt après Port-Saïd, le désert qui commence : du sable, encore du sable et toujours du sable, recouvert par quelques herbes lépreuses, rases et grises ; à l'horizon, des dunes s'élèvent, pas bien haut : on cherche à les reconnaître, elles ont disparu... Le « mirage »...

L'Indus continue sa route, lentement, au milieu de cette plaine infinie et uniforme, où l'eau et le sable prennent la même teinte d'un jaune fade.

Le sable réunit ces deux « qualités » contradictoires d'être terne et éblouissant. Quarante-deux kilomètres (soit quatre heures et demie) en ligne droite!... Quelqu'un disait, — et que cet esprit « parisien » paraissait déplacé ici! — « Ce que j'admire le plus chez Lesseps, c'est d'avoir continué après le vingt et unième kilomètre; les vingt premiers m'auraient tellement ennuyé que je me serais arrêté!... » Manière exagérée, à coup sûr, d'exprimer que cette traversée du désert n'est pas très variée.

* * *

El Kantara. — Quelques palmiers, un peu « godiches » sous la lumière trop crue, plumeaux mélancoliques qui tentent d'épousseter l'horizon poudreux ; une sorte de village, où éclatent deux bâtiments aux façades blanches, administration et caserne ; quelques soldats égyptiens; sur la rive un grouillement confus d'hommes et d'animaux; quelques gamins s'en détachent et suivent *l'Indus* en courant, hurlant après le bakchich.

Les petits sont comiques avec leur ventre

qui, comme couleur et comme forme, fait penser à une orange; les grands, plus foncés, semblent d'admirables statues de bronze animées; et grands et petits se bousculent, jettent successivement leurs vêtements et courent, lestes et inlassables, nus et luisants, avec d'amusantes vociférations. Au-delà du village, quelques campements arabes, dont les tentes se confondent presque avec le sol, et que dominent de placides silhouettes de chameaux.

El Kantara est situé sur une sorte d'isthme, qui sépare le lac Menzaleh du lac Ballâh; c'est presque le seul passage pour les caravanes qui vont d'Asie en Afrique, et réciproquement; et là-bas, nous dit-on, au pied de ces dunes qu'on aperçoit au loin, campent les Bédouins pillards dont les pèlerins de la Mecque ont souvent à souffrir...

Le canal forme un léger coude; El Kantara disparaît. De nouveau, c'est des tentes arabes sur le bord même du canal; en hâte, les femmes ramènent sur leurs visages le long voile qui les enveloppe; les hommes nous regardent, sans se déranger; les enfants, innombrables, profèrent des injures mystérieuses. Comment peut-il y avoir tant de déserts dans un pays où la « repopulation » est si consciencieusement pratiquée?... Et hommes, femmes, enfants, ânes et chameaux se confondent dans une promiscuité éminemment patriarcale.

Les braves chameaux! A mesure que nous nous familiarisons avec eux, le trait distinctif de leur physionomie se dégage, et c'est, si j'ose dire, « l'interrogation ». Leur tête avancée semble solliciter une réponse; et l'on cherche quelle curiosité millénaire et toujours insatisfaite a allongé leur cou onduleux et souple? La dignité résignée de leurs attitudes, comme aussi leur sobriété proverbiale, défend de leur prêter des préoccupations matérielles. Placides, lents et obstinés, ils feraient plutôt songer à quelque sage contemplatif. Pourquoi une « conception de l'univers » ne serait-elle pas ébauchée sous leur crâne desséché par le soleil? Pourquoi, eux aussi, ne se demanderaient-ils pas pourquoi ils vivent, et de quelle utilité sera, pour les fins du monde, leur marche éternelle à travers les sables? Et leur tête se tend vers nous, parce que malgré leurs spéculations ils sont restés proches de la nature, parce qu'ils sont confiants et humbles, et parce qu'ils nous supposent, avec simplicité, plus intelligents qu'eux, puisque nous les forçons à travailler! Nous ne leur répondons pas, et ils continuent d'interroger, patiemment. C'est qu'ils comprennent, croyez-le, qu'il est difficile de leur répondre. Ils se résignent sans se décourager. Et ils nous donnent ainsi un grand exemple de sagesse.

∴

De nouveau, le sable, le sable sans fin et sans merci. La monotonie n'est rompue que par les gares du canal, que nous rencontrons environ toutes les heures. Elles valent d'ailleurs qu'on les regarde. Elles montrent, d'abord, ce que peut produire ce sable stérile dès qu'un peu d'humidité vient le fertiliser. éjà, à Port-Saïd, l'usine des eaux était ntourée d'une sorte de petit bois que traverait la ligne du chemin de fer. Ici, en plein lésert, l'exemple est plus topique encore. Chaune de ces gares est une manière d'oasis artiicielle, une touffe de verdure dans l'immenité grise; des arbres s'élèvent, filaos, palmiers, u acacias-lebecks; leur ombre donne une fraîheur relative, grâce à laquelle les légumes oussent. Au-dessus du ponton d'amarrage et us les arbres, les bâtiments de la gare : un servoir pour l'eau douce, une construction basse, entourée d'une véranda, qui sert de logement et de bureau télégraphique. Et dans le « jardin », à côté de hangars, deux petits pavillons qui méritent une mention spéciale : l'école et le dispensaire. Nous retrouvons ici une preuve nouvelle de cet « esprit de gouvernement » que nous avions noté à Port-Saïd. La femme de chaque chef de gare est à la fois maîtresse d'école et médecin. Elle surveille les enfants des employés, leur apprend à lire, à écrire, à compter; si quelque village arabe est à proximité, les enfants indigènes sont également admis; déjà ils y viennent en grand nombre. Qu'une maladie se déclare, le malade trouvera dans la pharmacie de la gare de quoi recevoir les premiers soins, en attendant qu'on le transporte à l'hôpital de Port-Saïd ou d'Ismaïliah; dans ces parages, les indispositions sont presque toujours les mêmes insolation, fièvre, dysenterie; au bout de quelques mois d'exercice, la « doctoresse » a acquis une véritable expérience. Surtout le dispensaire combat avec succès la maladie qui est la moderne « plaie d'Égypte » : l'ophtalmie. Il faut avoir vu, dans les villages arabes, les innombrables enfants aux yeux rongés par les mouches, pour se rendre compte des ravages qu'elle exerce! Elle a presque disparu des bords du Canal. C'est un bienfait physique. Et c'est, à notre point de vue, un bienfait moral, puisque ces soins, intellectuels et matériels, se résolvent, en fin de compte, par un progrès de l'influence française. — Et notez que ces résultats inappréciables ont été obtenus de la manière la plus simple et la plus efficace; on a donné à des centaines d'enfants la santé et l'instruction, et l'on a centuplé notre influence, *sans nommer un nouveau fonctionnaire!...* Imaginez un instant le Canal devenu institution de l'État, et calculez le nombre d'employés, d'instituteurs, de télégraphistes, d'agents et de sous-agents qu'on aurait, avant toute chose, nommés et appointés!

Les employés aussi y trouvent leur compte. Dans ces climats, la dépression morale est tout autant à craindre que la dépression physique; et contre celle-là, quel ressort plus efficace, — au moins pour nos compatriotes, — que la conscience des services rendus, et aussi les satisfactions d'amour-propre (car la doctoresse-institutrice est une manière de petite reine pour le petit État qui vit autour d'elle)?... Ces services supplémentaires sont rémunérés, du reste, par une augmentation de traitement; même légère, elle devient importante dans un lieu où les dépenses « de poche » n'existent pour ainsi dire pas.

Ce n'est pas tout. Tout à l'heure, pour expliquer les progrès de Port-Saïd et du Canal, je disais que, dans cet État paradoxal, « l'intérêt des gouvernants était le même que l'intérêt des gouvernés ». Or il se trouve que l'intérêt des gouvernés, à son tour, se confond avec celui des gouvernants. Et ici, malgré ma résolution de m'abstenir de tout détail technique, il me faut donner quelques renseignements sur l'administration du Canal.

Les employés de la Compagnie sont directement et immédiatement intéressés à ses bénéfices; leur « droit » prend date du jour où ils commencent à lui donner leur travail. Une somme s'élevant à 2 p. 100 des bénéfices annuels leur est attribuée. Elle est consacrée tout d'abord au service des retraites : ensuite aux secours ou indemnités pour maladie ou toute autre cause : et le solde est réparti entre les employés d'après l'ancienneté de leurs services et l'importance de ceux-ci. Mais il est à remarquer que cette « retraite » est, en soi, une véritable participation aux bénéfices, puisqu'elle est obtenue sans aucune retenue de traitement. En d'autres termes, l'employé touche son traitement « plein » pendant tout le temps qu'il est en activité; de plus, à son départ, il touche une somme variable dont une partie lui est remise en argent, et dont l'autre sert à lui constituer une retraite qui est fixe, ou, pour mieux dire, qui dépend, non des bénéfices de la Compagnie, mais de son temps de service et de ses appointements. L'employé a droit à sa retraite au bout de trente ans en France et de vingt ans en Égypte; et cette retraite est fixée à 60 p. 100 du traitement moyen des trois dernières années. Donc, pour avoir droit à 6.000 francs (maximum de retraite payé par l'État), il suffit d'avoir « servi » trente ans en France avec un traitement moyen (pendant les trois dernières années) de 10.000 francs, ou vingt ans en Égypte avec un traitement moyen de 15.000 francs (les appointements d'Égypte sont, naturellement, supérieurs à ceux de France, de là la différence de 10.000 à 15.000 francs).

Jusqu'ici, si ces conditions sont plus favorables que les conditions faites par l'État, elles leur ressemblent un peu. Voici par où elles s'en distinguent fort heureusement.

Les employés n'ont pas besoin d'attendre trente ou vingt ans pour avoir une retraite; leur droit existe, quel que soit leur nombre d'années de service (leur retraite n'est alors calculée qu'au taux de 2 p. 100), — et aussi leur droit de participation aux bénéfices... En un mot, du jour où un employé a commencé à donner son travail, il fait réellement « partie de la Compagnie » : et quel que soit le temps qu'il y passe, ses droits subsistent : droit à la retraite, droit à une part des bénéfices.

Ce n'est pas tout. Et ici l'œuvre sociale mérite une sérieuse attention. Quand un employé meurt, la moitié de la retraite à laquelle il aurait droit est attribuée à sa veuve, ou à ses enfants mineurs, ou « à telles personnes dont l'employé décédé était le soutien »: — Bien plus, sa part de bénéfices, en aucun cas, ne disparaît avec lui. Ses descendants en héritent, comme ils héritent de ses biens, « meubles ou immeubles ». C'est véritablement un « titre » à revenu variable, une « action » qui lui est attribuée en paiement des services rendus à la Compagnie; il en devient actionnaire, par cela même qu'il l'a servie, ne fût-ce que quelques années[1]...

On excusera cette incursion sur un domaine qui n'est guère le mien. Il m'a semblé intéressant de rappeler l'ingénieuse sagesse qui

[1] Je renvoie ceux de mes lecteurs que ces questions intéresseraient et qui voudraient les étudier avec plus de détails, aux articles déjà cités de la *Revue de Paris*.

préside au fonctionnement de la Compagnie de Suez. Et c'est « audacieuse sagesse » qu'il faudrait dire, en songeant que ces dispositions, — adoptées partiellement depuis lors par d'autres Compagnies, — datent d'une époque où les idées qu'elles mettent en pratique étaient à peu près inconnues et tout à fait inappliquées.

⁂

... Mais l'aspect du canal a changé. De hautes falaises s'élèvent sur chaque rive; de rapides tournants ferment la vue. Nous diminuons notre vitesse : la chaîne de la barre roule sans relâche; un échouage ici serait fâcheux. C'est le « Seuil d'El Girs », le passage le plus difficile du canal, celui dont le percement a coûté le plus de temps et de travail... A droite, sur le haut de la falaise, de vastes bâtiments apparaissent, ombragés par de grands arbres : c'est l'hôpital d'Ismaïliah, ragoûtant, presque « tentant », avec ses balcons treillagés, ses vérandas circulaires, la propreté blanche de ses fenêtres. Plus loin, assez loin pour qu'aucun danger de contagion ne soit à craindre, le Sanatorium, où les convalescents vont reprendre des forces. Nous tournons encore : l'hôpital, un instant caché, reparaît bientôt; les religieuses qui le desservent sont descendues jusqu'au ponton pour saluer *l'Indus.* Et, après ces longues heures de désert, quelle jolie sensation de « chez nous » nous donnent ces grandes coiffes blanches qui s'agitent éperdument pour nous souhaiter la bienvenue!...

Nous avançons; et, après un dernier tournant, c'est le lac Timsah. Le premier aspect est féerique; à l'est, le désert, mais plus mouvementé, avec des chaînes de collines plus proches; plus loin, la tranchée du canal, dont le chenal est marqué par de grosses bouées; au sud, les montagnes rocheuses qui bordent les « lacs Amers »; et à l'ouest, étalées sur la rive, et encapuchonnées de verdure, les maisons d'Ismaïliah.

*
* *

Vite, à peine *l'Indus* a-t-il stoppé, nous sautons dans une des « vedettes », et nous voici bientôt à l'entrée de la ville. C'est un enchantement!...

Du lac part une magnifique avenue de lebecks d'une hauteur surprenante, et qui forment au-dessus de la route une voûte de verdure large et impénétrable; d'autres avenues pareilles se détachent de celle-ci; un joli pont enjambe le canal d'eau douce, qui s'étend encadré de verdure : à droite des talus gazonnés le bordent, qui vont rejoindre les lebecks; c'est le quai Mehemet-Ali, avec ses trois rangées d'arbres, et ses jolies villas entourées de jardins. Ismaïliah reste encore le centre administratif du canal; les ateliers sont installés à Port-Saïd; le personnel supérieur réside ici. Voici la maison de l'ingénieur en chef, celle du chef du transit; plus loin, un imposant « jardin des plantes » entoure la villa du chef des services auxiliaires. Et, près du pont, le « chalet Lesseps »...

Nous y entrons, je vous assure, avec une émotion respectueuse... Quelques marches mènent à la véranda, indispensable ici; un salon, de dimensions modestes, tient toute la largeur de la maison; à droite, un escalier étroit mène à l'étage supérieur, et, dans un retrait, sous la « cage », la chambre de Ferdinand de Lesseps... Elle est toute petite, petite incroyablement; la porte, en s'ouvrant, vient presque heurter le lit placé en face : c'est un lit étroit et mince, pareil à une couchette de paquebot; contre la fenêtre un petit bureau surmonté d'une armoire : une table de toilette-lavabo très sommaire; en face, une commode surmontée d'une glace... Et l'on peut remuer à peine entre ces meubles si petits et si pressés...

C'est un jeu assez puéril que celui qui consiste à déduire d'un « milieu » qu'on découvre le caractère d'un personnage qui nous est parfaitement connu par ailleurs. Ce qu'on peut dire seulement, c'est qu'une installation pareille ne se peut concevoir que d'un homme pour qui la vie extérieure n'existe pas; pour Lesseps, cette chambre, grande comme une malle, contenait le monde, le monde « corrigé ».

*
* *

Visite à l'hôpital et au Sanatorium.

Ici, comme à Port-Saïd, installation parfaite; le maximum de rendement pour le minimum de peine. Hospice et dépendances sont tenus avec une propreté méticuleuse, une propreté « de religieuse »; les salles sont claires et aérées; une modeste chapelle, qu'une allée d'arbres relie au bâtiment principal; buanderie, blanchisserie, dispensaire. L'air, en dépit des sables tout proches, est frais et léger; le lac Timsah est une petite mer, et la brise « du large » est saine et réconfortante.

C'est un des endroits du monde où l'on aimerait le mieux être malade!... — Le Sanatorium était une villa que le vice-roi Ismaïl s'était fait construire au débouché même du canal, juste au-dessus du lac; elle a été transformée de la manière la plus pratique : quelques appartements, un salon, un fumoir, le tout confortablement aménagé. Rien n'y manque, et il n'y a rien d'inutile... Le Sanatorium, d'ailleurs, est vide; et l'hôpital ne contient que deux malades: l'un souffre d'une ophtalmie, l'autre soigne un accès de dysenterie.

Un tramway conduit d'Ismaïliah jusqu'à la porte même de l'hôpital. En vingt minutes nous sommes « en ville »; et nous reprenons notre promenade.

A mesure que nous regardons, notre première impression se modifie. Une tristesse se dégage de ces verdures trop sombres. Nous sentons obscurément une sorte de contradiction entre ces ombrages humides et le sable qui les entoure; nos regards d'Européens sont habitués à des transitions plus douces : nos antiques verdures rejoignent, par molles gradations, nos Crau ou nos Sologne. Ici, au bout d'une route en charmille où le soleil ne pénètre jamais, brusquement, presque brutalement, c'est le désert; cet arbre magnifique est « le dernier »; au delà, c'est le sable, à l'infini... Ismaïliah a la tristesse des choses artificielles. Si l'homme se retirait, ce sable, en quelques semaines, aurait tout rongé. On a, en vérité, l'impression d'une « menace » : le sable semble nous guetter. Et, sans doute, Port-Saïd aussi a été créé; mais la « parodie » de la nature y est moins inquiétante. Puis, l'activité qui y règne est une activité artificielle aussi; j'entends que les forges, les usines, toute la machinerie industrielle s'amalgament convenablement avec une ville conquise sur la nature. Si l'on y sent aussi la menace du désert, l'activité matérielle qu'on y déploie donne une rassurante impression de vigueur. Dans la lutte constante qu'il faut soutenir contre les puissances naturelles, on sent que la force humaine, si apparente, est capable de triompher de l'autre; il y a harmonie entre la ville même et sa fonction... — A Ismaïliah, au contraire, l'activité est tout intellectuelle; plus de machines, des bureaux. Il faut y pénétrer pour savoir qu'on y travaille, et avec quelle sûre et méthodique intelligence! Cette ville, où l'on fait tant et de si excellente besogne, a l'air d'une ville de plaisance; elle semble ne valoir que par sa beauté naturelle. Et cette beauté naturelle et paisible est trop proche de l'aridité voisine. La contradiction est visible, manifeste; elle vous inquiète et vous oppresse.

∴

Port-Tewfick ne donne pas la même impression. Construit sur les lagunes de Suez, et sur une étroite langue de terre qui longe le chenal, c'est une manière de campement élégant (les bureaux de la Compagnie, les maisons roses et bleues des consuls sont charmants), où l'on sent l'activité; les entrepôts de marchandises, les réservoirs de pétrole mettent en mouvement une foule affairée. Puis, Suez est là, tout près, et son ancienneté est, pour son nouveau faubourg, comme un gage de durée...

Le golfe de Suez est d'une belle ampleur. Au sud, c'est la mer Rouge, qui conduit nos imaginations jusqu'aux Indes. A l'ouest, les « montagnes roses » terminent par leurs belles falaises la côte d'Afrique; la côte d'Asie s'étend, à l'est, plate et sablonneuse; cette tache de verdure, proche de la mer, c'est les « Fontaines de Moïse »...; car nous ne sommes pas loin du lieu où les Hébreux traversèrent la mer Rouge... Les avoir tenus ici et les avoir laissé passer!...

*
* *

La première partie de notre voyage se termine à Suez. Tâchons d'être tout à fait sincères avec nous-mêmes, et d'en résumer l'impression...

Faut-il dire que, jusqu'ici. l'« Orient » ne nous a pas apporté toute la beauté originale que nous en attendions? Les villages arabes de Port-Saïd et d'Ismaïliah, Suez même, ne nous ont guère surpris. Tout cela ressemble un peu trop à ce que nous comptions voir. Nous avons « reconnu » les cafés maures, les boulangers, les étals des bouchers, les magasins de poteries, et les fumeurs de narguilhés... C'est, toujours, des « rue du Caire » plus naturellement sales, et moins pittoresques. Notre arrivée à Port-Saïd nous faisait songer à la Hollande; la traversée du Canal, surtout vers le lac Menzaleh, nous rappelait la Camargue; Ismaïliah, c'est Enghien, si j'ose m'exprimer ainsi, un Enghien artificiel et fiévreux. Le grand intérêt du voyage, c'est le Canal qui nous l'a donné.

Pourtant, le pittoresque ne manque pas :

mais il est fourni presque tout entier par les habitants.

Pendant des siècles, l'Égypte a été le centre d'échanges entre l'Asie et l'Afrique; et pendant longtemps la marchandise principale était l'homme. Des races se sont perpétuées, avec leurs costumes et leurs mœurs : antiques fellahs, tout pareils aux contemporains de Sésostris, nègres du Darfour, Abyssins, Soudanais, toutes les variétés se retrouvent ici, et toute la gamme des couleurs, depuis le soldat « turc » à la face blanche, jusqu'au nègre d'Afrique, « ciré » et luisant. Tristes races, en somme, et mystérieuses aussi. Rien ne semble les attacher à ce pays. Leur habitation, c'est un cube de terre grise; leur mobilier, c'est une natte; le nomade antique se prolonge en eux. Qu'on les transporte demain à l'autre extrémité du monde, et pourvu qu'ils retrouvent le même soleil, leur vie continuera toute pareille. Ils sont toujours prêts à partir...

Des nomades, ils ont encore les superstitions : c'était, jadis, un « danger » que de demeurer sous une tente qui avait abrité un mort; les tentes ont disparu, mais les « maisons » n'en diffèrent guère, et elles ne sont guère plus difficiles à dresser. On ne les abandonne plus quand le père est mort. Mais, dès qu'elles commencent à s'écrouler, on les quitte : ce serait un sacrilège que de les réparer.

Ce pays, en effet, n'est que ruines. Dans les villages arabes, la moitié des maisons montre des façades éventrées et des murs croulants. Et comme, dans ces races primitives, les sentiments sont rares, et, si l'on peut dire, s'appliquent à tout, c'est cette superstition, aussi, qui a laissé ruiner tous les monuments de l'Égypte, depuis les temples de Thèbes, jusqu'aux mosquées de l'occupatien arabe.

Et, pourtant, ce peuple, — ces peuples, — restent ici. Depuis des siècles, ils sont prêts à partir, attendant le signal d'un nouvel exode. Peut-être ne l'espèrent-ils pas. Mais ils le verraient sans surprise, et obéiraient sur l'heure. C'est là l'éternel et constant danger ; c'est là ce qui explique ces soulèvements subits, ces pays entiers qui partent en guerre et sont « mobilisés » en vingt-quatre heures. L'organisation militaire du mahométisme s'est merveilleusement adaptée aux mœurs nomades héritées des lointains ancêtres. Ce sont des soldats, et des soldats toujours prêts à combattre...

Autre contraste. Nul peuple n'est plus avili que celui-ci ; qu'ils soient blancs, bruns ou noirs, le bâton est le seul moyen de se faire comprendre et obéir ; la police est faite à la courbache, et il faut avoir vu la lanière de cuir s'abattre sur des épaules pour savoir ce que c'est qu'un coup de fouet! La mendicité est une institution nationale; les mains n'apparaissent que tendues, et le mot bakchich est le mot essentiel de la langue arabe. Ces gens semblent des êtres intermédiaires entre l'homme et le singe, et plus proches assurément de celui-ci que de celui-là... A Assouan, une dizaine de rameurs conduisaient notre barque; l'un d'eux se mit à chanter une mélopée singulière de sa voix grêle et aiguë; et voilà les rameurs pris d'une sorte de folie, criant, hurlant, tendant éperdument leurs biceps et leurs jarrets, tirant sur les rames avec une véritable rage, affolés de bruit et de mouvement, criant pour crier, dépensant leurs forces avec une sorte d'ivresse furieuse... comme des animaux qui se mettent brusquement à crier et à courir, sans qu'on sache ce qui les pousse. Et cela aussi nous aide à comprendre les fureurs guerrières dont les campagnes du Soudan ont fourni de mémorables exemples.

En même temps, ce peuple avili est, je pense, l'un des plus beaux qui soient au monde. La noblesse de leurs attitudes est sans égale. Ils mendient avec une majesté obséquieuse. Ils ont l'air de petits animaux, et ils sont remarquablement intelligents; les jeunes Arabes qu'on instruit dans les gares du Canal font des progrès extraordinairement rapides, surtout en calcul; et, si vous vous rappelez les intéressants articles publiés jadis par Arvède Barine sur les écoles d'Algérie, vous verrez que partout l'enseignement des Arabes donne les mêmes résultats.

*
* *

... Nous avons, non sans regret, quitté *l'Indus*. D'Ismaïliah, où il nous a déposés au retour, nous avons pris le train, et nous roulons vers le Caire.

C'est d'abord le désert. Nous longeons le canal d'eau douce au milieu des sables. Peu à peu la végétation commence : les broussailles grises deviennent vertes. Des villages surgissent, des maisons construites en briques séchées au soleil : carrées et basses, percées seulement d'une porte, leurs toits servent de séchoir aux feuilles de maïs et de sorgho; elles sont étroitement serrées l'une contre l'autre : et le mot « serrées » est insuffisant pour rendre l'impression de « bloc » qu'elles donnent. Des bouquets de palmiers les ombragent. Et, sur les toits et dans les ruelles, c'est un grouillement formidable d'hommes, de femmes et d'enfants... Des champs, maintenant; les sillons viennent jusqu'au bord même du canal d'eau douce; et voici des puits, où l'on puise de l'eau comme on la puisait il y a trois mille ans, avec les mêmes poches de cuir, les mêmes fléaux de bois brut. Sur l'étroit sentier qui borde les cultures, des hommes passent, en coiffe blanche, vêtus de la longue *galabieh* bleue ou noire à qui la marche donne de nobles plis; les uns sont à pied, tenant à la main un long bâton recourbé; d'autres vont à âne, assis à cru sur la croupe, un sac ou une botte de maïs posés devant eux : les petits ânes blancs, sans bât ni bride, trottinent doucement, mais sans relâche, leur amble si uni qu'ils semblent glisser: et les jambes du « cavalier » frôlent la terre, laissant passer sous la longue robe les pieds nus qui se balancent.

Des femmes vont, par groupes; des bijoux grossiers, bracelets d'argent ou de cuivre, brillent à leurs poignets et à leurs chevilles. Des voiles noirs les enveloppent, couvrant la tête et descendant jusqu'à terre, dans un dessin d'une noblesse infinie; les unes sont voilées, et les yeux seuls apparaissent, séparés par une rondelle de cuivre; les autres, quand nous passons, ramènent sur leur visage, d'un geste ample, le voile qui les suit en flottant; quelques-unes s'approchent des puits ou descendent les berges du canal; une cruche de terre repose horizontalement sur leur tête; elles marchent sur leurs pieds nus d'un pas souple et assuré, et c'est avec une grâce inexprimables qu'elles penchent leurs tailles flexibles jusqu'à la surface du canal... Elles se redressent, et les voiles retombent en courbes molles et caressantes... Elles replacent sur leur tête la cruche, droite maintenant et toute étincelante de gouttelettes; leurs bras se lèvent pour la maintenir; et, de l'épaule nue et dorée de soleil, c'est de nouveaux plis noirs qui retombent noblement... Car c'est le seul mot qui puisse servir ici, noblesse de démarche, noblesse d'attitudes, noblesse aussi de paysage. Le ciel est d'une pureté presque excessive, l'air limpide et vibrant; les lignes vertes des champs de maïs s'allongent sans que le vent les agite. Immobilité, sérénité. Nous regardons de toutes nos forces. Une joie nous pénètre, la joie émue que donnent les parfaits chefs-d'œuvre. Ici tout est harmonieux; la nature et les êtres sont faits l'un pour l'autre. Voici des miliers d'années qu'ils se sont trouvés, si l'on peut dire, et qu'ils se sont pénétrés; ils se complètent : à cette nature il faut ces hommes, et ces hommes ne sauraient se concevoir ailleurs qu'ici.

... Et insensiblement ces choses, si belles, il semble que nous les reconnaissions; une impression du « déjà vu », émane d'elles ; ces terres plates, ces hommes long vêtus, ces femmes voilées, ces travaux champêtres, ces formes et ces beautés immuables, nous les connaissons, et l'admiration qu'elles nous donnent est faite de souvenirs... Brusquement, tout s'éclaire. C'est la Bible, c'est l'Histoire sainte... Voici Jacob, Éliézer, et Booz, et Abraham et Isaac; et voici Sarah, voici Lia... Et cet homme à demi nu, dont les membres sont desséchés par le soleil, c'est Jean le Précurseur ; et voici Madeleine, et voici Marie: voici enfin, descendant vers la rive, la Samaritaine, et les beaux vers de M. Edmond Rostand, si exacts et si purs, me reviennent à la mémoire :

Voici bien ô Jacob, le geste dont tes filles
Savent, en avançant d'un pas jamais trop prompt,
Soutenir noblement l'amphore sur leur front.
Elles vont, avec un sourire taciturne,
Et leur forme s'ajoute à la forme de l'urne,
Et tout leur corps n'est plus qu'un vase svelte, auquel
Le bras levé dessine une anse sur le ciel!...

Car cette terre est celle-là même que foulèrent les Hébreux avant l'Exode. De Suez, nous voyions Gessen, où vécurent les fils de Jacob; et Joseph et Marie se reposèrent sur ces rives... Les vies semblables font les hommes pareils; ici, la vie patriarcale s'est prolongée: les travaux sont les mêmes, et les outils qui servent à les accomplir; la même charrue, au joug mince et long, laboure les mêmes champs d'une marche pareille. Abraham, ressuscité, y trouverait sa vie de jadis.

Maintenant, c'est la vallée du Nil qui commence, pays fabuleusement riche, trop riche pour le plaisir des yeux: des plantations de coton alignent à perte de vue leurs petites houppes blanches. Cela est riche et monotone. Dans les gares, les ballots s'entassent, en masses énormes: les chameaux que nous croisons disparaissent sous leurs charges... Des fabriques, des entrepôts, des usines... Les Pyramides, que nous apercevons de loin, semblent gênées et honteuses de ce cadre si peu fait pour elles. Les villages deviennent plus fréquents. Les maisons, moins rustiques, se pressent et se rejoignent. L'atmosphère est moins limpide: une brume flotte, dorée de soleil; on sent ce je ne sois quoi par où s'annonce le voisinage d'une grande ville... Du soleil, des couleurs, du bruit. Voici le Caire...

LE CAIRE

Sur la route du Caire aux Pyramides, presque à l'ombre de celles-ci, se dresse une échoppe, modeste par ses dimensions, mais considérable par le titre qu'elle affiche sur sa porte basse: *Khéops-Bar*...

Avec l'exagération nécessaire, cette enseigne résume d'une manière frappante l'aspect du Caire. A chaque pas, c'est un contraste pareil, aussi surprenant, et presque aussi risible; l'antiquité la plus vénérable est heurtée par la dernière modernité; pour aller aux Pyramides, on prend un tramway électrique; dans l'ile de Gizeh, des joueurs de polo courent sur leurs poneys lestes, et la piste est bordée par le Nil, dont les eaux limoneuses ont reflété les traits augustes de Rhamsès II... Ce contraste, il est vrai, on le retrouve partout où les formes extérieures de la civilisation se sont ajoutées à l'antiquité, et trop brusquement pour avoir pu s'y confondre. Ici, il apparaît plus surprenant et, si j'ose dire, plus burlesque.

L'antiquité proprement égyptienne est trop éloignée et trop différente de nous pour que nous puissions discerner d'abord en quoi nous procédons d'elle ; aucun lien n'apparaît, entre elle et nous. De plus, les êtres qui nous entourent, bêtes et gens, sont tout pareils à ceux dont les silhouettes sont gravées aux pylones des temples ; ce bœuf aux cornes retournées et au mufle horizontal, c'est celui que l'on vénérait il y a six mille ans : cet ânier qui trotte infatigable est le portrait vivant des Pharaons de la XIIe dynastie. De là une sensation plus violente d'anachronisme ; ce ne sont plus seulement les choses qui s'étonnent d'être côte à côte, ce sont les êtres qui s'appliquent, dirait-on, à rendre le contraste plus choquant : le bœuf Apis s'enfuit devant le tramway électrique, où vient de monter Amenemhêt III !... La domination musulmane, sur les ruines de cette civilisation « immobile », a construit une civilisation nouvelle, aussi immobile que l'autre; musulmans et fellahs vivent côte à côte confondant leurs usages mais non leurs races : et, comme la physionomie de ceux-ci est restée immuable, de même les habitudes de ceux-là sont restées identiques. Dés pachas passent, d'une élégance suprême, un bouquet à la boutonnière de leurs redingotes « dernier cri »: et le tarbouch termine paradoxalement leur silhouette ; jusqu'au front, ce sont des raffinés de Paris ou de Londres, à partir du front, ce sont des Turcs... Des Saïs courent, écartant les passants à coups de gaule, et nous sommes en plein Orient ; la voiture qu'ils précèdent est attelée avec la plus sobre élégance, les cochers ont la livrée sombre la culotte blanche et les bottes à revers... Mais, eux aussi sont coiffés de l'inévitable tarbouch ; et, dans le coupé qu'ils conduisent, des femmes voilées apparaissent, beautés d'une opulence tout orientale. — Ainsi le contraste est double, car le fellah est aussi différent du Turc, que celui-ci de l'Européen.

Il est plus apparent aussi, parce que le Caire étant une ville de « curiosités », les étrangers sont nombreux dans les quartiers populaires. La ville arabe, les mosquées, les tombeaux, la citadelle, sont constamment visités par les touristes en caravane. L'ânier qui les suit est un pur fellah, le « drogoman » qui les guide est arabe... Joignez, notamment à la citadelle, quelques uniformes anglais, — moins nombreux, j'imagine, aujourd'hui qu'il y a six mois, — et vous aurez une idée de la petite Babel qu'offre aux regards chaque coin de rue.

Ce contraste constant est l'un des charmes du Caire; il apparaît dans la ville, comme chez ses habitants, sans transition. Au sortir du Mousky, vous tombez dans le jardin de l'Esbékiyé, entouré par des bâtiments à l'européenne, les palais de la Dette, de l'Opéra, du club khédivial, des ministères; jusqu'au Nil, c'est le quartier Ismaïlieh, aux villas spacieuses entourées de jardins, parmi lesquelles brille, joyau inestimable, la légation de France.

Et, dans ce quartier même, si européen, voici, par exemple, une blanchisserie; les « dessous » les plus suaves froufroutent aux vitrines; vous regardez à l'intérieur; c'est *un* arabe (les femmes étant isolées) qui repasse, gaufre, tuyaute!...

***

De la terrasse de notre hôtel, voisin de l'Esbékiyé, regardons quelques instants. Une foule passe, sans cesse renouvelée. Des voitures, chaque minute, viennent prendre ou déposer des voyageurs; des victorias, bien entendu (ici l'idée qu'il peut pleuvoir est insultante: les omnibus du chemin de fer sont de grands breaks découverts); ces victorias, attelées de deux chevaux grêles, partent à fond de train, évoluant avec une souplesse surprenante parmi la foule enchevêtrée. Des ânes de toutes tailles et de toutes robes, depuis le blanc jusqu'au gris foncé, allant leur amble inlassable, et encouragés par les âniers qui criblent de coups de trique leurs croupes indifférentes. Sur leurs selles hautes et voyantes, à peu près tous les spécimens de l'humanité : des Arabes en longues robes et en turban, des Égyptiens en veston et en fez : des soldats anglais, imperturbables, la badine à la main, et la toque posée presque horizontalement sur le côté de la tête, propres, nets, trop jolis. Puis, le troupeau des touristes, les mains cramponnées aux rênes inutiles, inquiets avant tout de leur équilibre... Parfois, c'est une belle mule blanche, que « chevauche » un riche marchand : sa robe est somptueuse, les pieds aux sandales brodées reposent sur les étriers ; et le pas de la mule, paisible et lent, s'harmonise singulièrement avec la tournure placide et digne du cavalier... Au loin, et planant au-dessus du fourmillement des voitures et des ânes, des Arabes ou des Bédouins, en files espacées, semblent secoués par quelque invisible et obstinée balançoire ; ils approchent : c'est un « train » de chameaux qui s'avancent lentement, le cou tendu, avec leurs « réactions » implacables... Et voici, maintenant, l'une des curiosités du Caire : une sorte de chariot, des planches montées sur quatre roues, et traînées par un cheval étique; sur ces planches, dix ou quinze femmes, empilées les unes contre les autres, hermétiquement enfermées sous le voile noir, — le yaschmak, — qui découvre seulement leurs yeux. Et au mystère de ces formes voilées s'ajoute un instant un autre mystère : où vont-elles? Pourquoi toutes ensemble? Qui les conduit, et où, et pourquoi? Car rien ne donne autant l'impression du « dépaysement » que de ne pas comprendre ce que fait ou va faire un passant... Au milieu de la rue, parmi cette foule ondoyante, des agents de police immobiles sous leur tunique noire au collet brodé d'un croissant blanc : de temps à autre, leur bras s'allonge retombe sur le dos d'un ânier, et ils rentrent dans l'immobilité.

Sur les trottoirs, la foule des piétons est compacte et mouvante. Des Européens, naturellement, et en assez grand nombre. Ensuite, des marchands, des marchands de tout, — et je vous prie de donner à ce « tout » toute l'ampleur dont il est susceptible... Marchands de fleurs, marchands de roses, si nombreuses et si parfumées qu'elles embaument la rue : marchands de limonade, semblables à nos marchands de coco, mais dont le « tonneau », avec son long goulot où fond un morceau de glace, est d'un pittoresque achevé. Ici, des gamins tirent d'un sac de cuir quelques serpents qu'ils étalent sur le trottoir et qu'ils agacent jusqu'à ce que, dressés sur leur queue et le cou gonflé, ils reproduisent l'image traditionnelle de l'Uræus, le serpent héraldique... Et ce sont d'autres marchands encore, de scarabées, de turquoises, d'armes qui toutes ont appartenu au Mahdi, d'étoffes, de cigarettes et de bonbons. Les costumes sont simples : généralement une longue robe d'un bleu cru, et, sur la tête, une sorte de petite calotte blanche ou même un simple linge blanc enroulé autour du front. C'est le petit monde, les quémandeurs indécourageables. D'autres portent le fez, et, par élégance sans doute, passent par-dessus leurs robes (blanches ou jaunes) une jaquette à l'européenne!... Au milieu de tout cela, quelques kawas ruisselant de dorures, des bédouins en guenilles sombres et hautains ; et, devant le perron même de l'hôtel, un magnifique Monténégrin, au costume splendide, aux moustaches féroces, chaussé de grandes bottes, et portant à la ceinture une demi-douzaine de poignards et de pistolets ; sa fonction, toute pacifique, est d'empêcher les chiens de...

comment dirai-je ?... Mais vous m'avez compris.

Ce qui est inexprimable, c'est le vacarme qui se dégage de cette foule. Vous avez vu de quels innombrables éléments elle est composée. Tâchez d'imaginer ceci : *tout le monde crie !* Et ce ne sont pas seulement des exclamations, ce sont de véritables phrases, qu'on vocifère! Colères, ou parfois même politesses tout orientales. Un cri suffirait à signaler l'approche d'une voiture ; mais un cri manquerait de courtoisie ; les cochers préviennent le passant et l'avertissent du danger qu'il court : « Prends garde à ta jambe !... Ton bras va être heurté... Il me paraît probable que ta hanche gauche va être frappée... »

* * *

Décuplez, centuplez le grouillement que j'ai tenté de vous décrire, vous aurez le Mousky et le Bazar.

Ici l'aspect change. Ce n'est plus les rues larges, bordées de magasins à la moderne, et amusantes surtout par l'exotisme des promeneurs. Tout le long du Mousky, et je crois bien, à chaque étage de chaque maison, d'énormes enseignes accrochent le regard ; d'autres traversent la rue, que le moindre vent fait flotter, rédigées en anglais, en français, en grec et en arabe. De grands magasins de « confections », tenus par un Meyer ou un Lévy quelconque, s'ouvrent à côté de petites boutiques indigènes. Des marchands de fruits, oranges, citrons et bananes, montrent leurs riants éventaires ; des boucheries juives, avec leurs enseignes en hébreu, laissent voir d'inquiétants profils ; des boulangeries et des poteries, des cafés turcs, et aussi quelques cafés à la française ; des étoffes, des voiles pour les femmes, des robes d'hommes, des sandales, des babouches... et, tout à coup, une pharmacie européenne, avec ses bocaux traditionnels. Et toutes ces boutiques débordent sur le trottoir. Des acheteurs discutent, s'asseyent, encombrent le magasin et vocifèrent, pendant que le marchand leur verse avec calme des « dés » de café. Tout à l'heure, vers l'Esbékiyé, on pouvait remuer : maintenant, on est porté par la foule ; les costumes européens disparaissent dans cette multitude bruyante et chatoyante. Des femmes passent, portant leur enfant à califourchon sur l'épaule ; des porteurs d'eau plient sous la lourde peau de bouc. Des rues et des ruelles traversent le Mousky, et à chaque croisement, c'est des tempêtes de cris, un enchevêtrement formidable. Et les voitures passent, les cochers, les âniers s'interpellent et se bousculent. C'est une mer, une vraie mer, avec ses remous et son ressac...

Nous voici au coin d'une ruelle ; nous descendons ; et, brusquement, l'ombre, la fraîcheur, presque le silence, à côté du fantastique brouhaha de tout à l'heure. C'est l'une des entrées du bazar. Les boutiques sont plus petites encore, plus pressées que dans le Mouski, et ouvertes du côté de la ruelle ; mais on n'y crie pas : on travaille ; presque chaque boutique et en même temps un atelier. Cette partie du bazar est consacrée à ces plats ou à ces vases de cuivre et d'argent repoussé qui sont connus de tout le monde. Les ouvriers, installés au dehors pour avoir un peu de jour, font leur besogne avec une adresse et une prestesse infinies ; une main tient le fil d'argent qui doit rehausser les dessins du cuivre : en deux coups de marteau, le fil s'adapte dans la ciselure, un troisième coup le tranche net ; et le travail continue, sans que l'ouvrier lève le nez... Nous reprenons notre route. Les ruelles sombres s'entrecroisent comme les mailles d'un filet : les unes plus larges, les autres plus étroites ; et les plus larges rappellent la légendaire

Rue pour une personne dont s'honore Bruxelles.

Certaines sont coupées par des arcades. Une lumière crue tombe sur le chemin, laissant les boutiques dans l'ombre. Et pas une de ces ruelles n'est droite ; elles tournent, retournent, s'allongent en inextricables sinuosités. Ce n'est plus le formidable amoncellement du Mousky. Les marchandises sont de qualité supérieure, des « objets d'art », et les acheteurs sont presque tous européens... Des armes, des bijoux, des étoffes, des tapis. Derrière l'étalage trés étroit, s'ouvre parfois une arrière-boutique vaste et haute, au toit vitré, et pleine de marchandises jusqu'au faîte. Ici des voiles d'Assouan, tissés d'or ou d'argent : là, de lumineuses étoffes de Brousse : ailleurs des soies brochées, des broderies d'or, des étoffes souples et brillantes, de mousseuses mousselines, des crêpes rèches... et partout et toujours des scarabées, des grands, des petits, des rouges, des gris, des noirs, — tous anciens, authentiquement. Dans cette boutique, des armes et des fers, d'un « toc » évident, dorment sous la poussière; et le marchand tire des profondeurs de sa robe quelques turquoises vraiment belles (si elles sont vraies), jure qu'elles ne « passeront » pas, prend à témoin la barbe du prophète, vous verse du café, et enfin proteste qu'il ne veut être payé que dans dix ans!

Les acheteurs, les passants surtout, sont assez nombreux, et les ruelles vite encombrées. Dès qu'on s'arrête devant une boutique, deux ou trois « commis » vous conjurent d'entrer. D'autres, qui tiennent le milieu entre le courtier et le guide, guettent l'acheteur à l'entrée du Bazar: quoi que vous désiriez, ils savent où le trouver et « boun marché, tu sais, Mousié!... » Même pas de bakchich à leur donner!... Soyez assurés, d'ailleurs, qu'ils n'y perdront rien.

La complaisance des vendeurs est sans égale. Ils déballent leurs caisses, bouleversent leurs boutiques et vous montrent ce qu'ils ont, pour le plaisir... Mais, chose curieuse pour nous, leur avidité ne les empêche pas de faire passer avant tout leurs devoirs religieux; le vendredi, les trois quarts des boutiques sont vides; et vers midi la plupart des marchands sont à la Mosquée. Je ne garantis pas que leur piété soit élevée; elle est au moins sincère et sans aucun mélange de « respect humain ». Aux heures prescrites, on voit des ouvriers laisser leurs outils, se jeter à genoux vers la Mecque, se prosterner quatre ou cinq fois, et reprendre ensuite leur tâche; à Zagazig, entre

Ismaïliah et le Caire, un tapis est étendu selon les rites dans un coin de la gare, et, pendant l'arrêt du train, des voyageurs y font leurs prières...

Si l'on excepte quelques bibelots assez beaux, notamment des jades sertis de pierreries, et quelques étoffes d'or ou d'argent, les tapis seuls sont dignes d'admiration ; quelques-uns sont d'une richesse de tons merveilleuse, mais d'un prix plus merveilleux encore ; on nous montre un tapis de prières, de dimensions modestes : cent cinquante mille francs !... Les facilités de communications ont mis l'exotisme à notre portée ; nous trouvons à Paris presque tout ce que nous trouvons au Bazar, et à peu près au même prix. Ce que nous n'avons pas, c'est, ou les choses médiocres, ou les choses très belles ; mais l' « orient » médiocre est affreux : et les tapis de cent cinquante mille francs ne sont pas à la portée de tout le monde...

⁂

Nous marchons toujours... Nous avons traversé une rue, et nous voici dans une nouvelle partie du Bazar. Les boutiques y sont deux fois plus petites et plus serrées que tout à l'heure : ce sont, à proprement parler, des armoires plus profondes que larges placées sur des tréteaux bas. Plus de travail, ici, ou presque pas : de temps à autre, un ouvrier répare une monture ; partout ailleurs, on vend ou on revend, argent, or, diamants, perles, pierreries de toutes espèces. C'est le coin du Bazar où sont relégués les marchands juifs. L'aspect en est inoubliable. Sous le tarbouch, les cheveux sortent, crépus et durs ; le visage olivâtre est tacheté de quelques touffes de poils rares et espacés ; le nez, fortement enchâssé dans les bajoues, et rabattu vers le sol, semble avoir, comme une trompe, la faculté prenante : une piastre tomberait à terre, qu'il l'aspirerait ! Et quel inquiétant contraste entre les yeux et la bouche ! Celle-ci, lippue et crispée sous les crins de la moustache pauvre, encadre des dents douteuses ; et les lèvres, au coins baissés, ont une incroyable expression de bassesse quémandeuse et figée. Au contraire, les yeux, noirs et relevés vers les tempes, sont d'une mobilité gênante : leur regard fuit sans cesse : quand on le joint, on y découvre un mélange singulier de crainte et de dureté, et je ne sais quoi de lointain ; ils donnent une impression, non pas de remords, mais de crainte du châtiment. J'ai vu de ces yeux, jadis, au Château-Rouge et chez le Père

Lunette... Et des fortunes commencent ici, faites de rognures d'or qui montent et s'amassent... Avec quel soulagement nous nous retrouvons à l'air, au soleil, parmi ces Arabes et ces fellahs qui, maintenant, nous semblent vraiment nos frères !...

*
* *

Comme le charme de ce pays vous pénètre, et quel contresens que d'y mener la vie opiniâtre du « touriste » ! Au lieu de courir après les sensations, d'emmagasiner images sur images dans un cerveau vite lassé, il faudrait vivre mollement, se promener en promeneur, et laisser les choses venir à soi. Ah ! l'horrible crainte de « manquer » une mosquée ou une représentation de Derviches !... Et cela est horrible ici surtout, où deux choses sont également passionnantes : la nature et les hommes. Les mosquées ont leur prix, et nous en parlerons. Mais que leur intérêt faiblit devant un coucher de soleil sur le Nil, ou devant la subite révélation d'une âme différente de la nôtre !...

L'un de mes souvenirs les plus précieux, c'est ma visite à El Azhar.

On sait qu'El Azhar est, sinon la seule, du

moins la plus célèbre des universités musulmanes. Des élèves y viennent par milliers de tous les coins du monde mahométan: de Turquie, du Maroc, d'Algérie et de Tunisie, du Soudan, de Tombouctou, de l'Inde même, de la Mecque et de Bagdad...; ils se groupent par nationalités, reconnaissables du reste à leurs costumes. Le nombre des étudiants y est considérable. Les uns disent de dix-huit à vingt mille, d'autres vont jusqu'à trente; cela paraît exagéré; dix mille, douze mille peut-être, et pas davantage, ce qui est déjà respectable. Songez qu'El Azhar a près de mille ans, d'existence, et jugez du prestige qu'exerce un pareil passé dans un pays où la tradition est toute puissante. La plupart des élèves sont logés à l'Université; ils dorment sur des nattes qu'on étend le soir dans les vastes salles d'études, et qu'on roule le matin; des armoires sont accrochées aux parois, destinées à la garde-robe de rechange des étudiants, laquelle se compose en général d'une robe et d'une paire de sandales; quelques provisions remplissent le reste: et des cuisines sommaires, — petites marmites chauffant sur des brindilles de bois, — s'installent au hasard des groupes. Les étudiants n'ont rien à payer, ni pour le logement, ni pour les leçons: au contraire, ils reçoivent une pension prise sur les revenus considérables de l'Université ; naturellement, les étudiants riches augmentent ces revenus par des dons, mais la gratuité est égale et obligatoire pour tous. Chose plus singulière, les professeurs ne sont pas payés ; la plupart, d'ailleurs, appartiennent au clergé musulman : et j'imagine que quelques cadeaux particuliers passent directement de la poche de l'élève dans celle du bon maître.

On entre, après avoir passé les sandales obligatoires... Une vaste cour carrée, bordée d'arcades, comme dans toutes les mosquées. Dans cette cour, accroupis sur les dalles et sous le soleil qui brûle, des étudiants par centaines : ils lisent, écrivent, récitent, et tous, ceux que nous frôlons dans la cour, ceux aussi que nous apercevons dans l'ombre des arcades, tous se balancent d'avant en arrière sur leurs hanches, perpétuellement. Voici un professeur ; lui aussi est accroupi et se balance ; une vingtaine d'étudiants, de quinze à seize ans, sont assis en cercle autour de lui ; il récite une phrase, et tous la répètent ; l'un cesse-t-il de se balancer, un coup de baguette sur la tête a vite fait de le remettre en mouvement ; un autre est interrogé : à la moindre hésitation, nouveau coup de baguette... A côté de ce professeur, et si près que les groupes ne se distinguent que par la direction des regards, un autre professeur, puis un autre encore... et ainsi de suite dans toute la cour, et dans les grandes salles qui lui font suite. C'est un brouhaha extraordinaire. En passant près d'une « classe », nous entendons les récitations des classes voisines; nous pourrions à peine nous entendre, et eux ne semblent aucunement distraits ni troublés... Et toujours la baguette qui s'abat sur les têtes, toujours cet éternel mouvement de balancier!...

Le premier effet produit par ce spectacle est une forte envie de rire. Entendre, dans ce vacarme, passe encore. Mais comprendre?... Comment ne pas sourire de cet enseignement, automatique comme le balancement qui l'accompagne? — Un peu de réflexion nous incline à l'indulgence. Si puérile que nous paraisse cette méthode d'instruction, est-elle si différente de celle qu'on employait dans l'Université de l'an 1200? El Azhar est-il si différent de la rue du Fouarre? Là aussi, les leçons se donnaient en plein air, ou sous le porche d'une maison : le professeur, sur sa botte de foin, était entouré d'élèves assis sur le sol : la férule jouait son rôle; et là aussi la lettre était préférée à l'esprit...

Ce qu'il y a de surprenant, ce n'est donc pas les procédés en eux-mêmes, puisque nous aussi nous les avons appliqués; c'est que ces procédés, justement abandonnés chez nous, aient persisté ici dans toute leur pureté. En l'an mil, — c'est-à-dire deux siècles avant que notre Université se soit fondée et organisée, — El Azhar existait, ordonnée telle qu'elle est aujourd'hui. Elle s'est agrandie : elle n'a pas « bougé ». On y professe les mêmes choses, et de la même manière, que du temps de son fondateur, le bienheureux Gôhar... Les siècles ont passé, des révolutions ont agité ce pays, révolutions non seulement politiques, mais économiques, et même sociales; toutes les conditions de l'existence ont été bouleversées : et El Azhar reste la même, sans se soucier du temps qui s'écoule et de la vie qui change.

Pourtant, regardons de plus près. Il est possible, il est vraisemblable que la rue du Fouarre ressemblât d'assez près à El Azhar. Mais d'où vient, alors, que les « produits » de deux enseignements pareils aient pu être si différents? Car rien n'est plus éloigné sans doute des étudiants du Caire qu'un « escholier » du XIIIe siècle. C'est ici, en vérité, le mystère des races... Examinons avec attention ces jeunes gens qui se balancent puérilement, et songeons à ce qu'ils deviennent, ou à ce qu'ils peuvent devenir.

Voici, dans le coin d'une des salles, un professeur dont le turban large et clair annonce un uléma d'importance. Son torse s'agite, suivant le rite, mais sans acharnement : sa physionomie est intelligente, ses yeux brillent sous les sourcils grisonnants : cinq élèves seulement l'écoutent, et il discute, il commente : son visage s'anime, le geste est persuasif : il écoute attentivement les objections des élèves, et y répond avec patience. Un seul d'entre eux ne dit rien : pâle, hâve, desséché, comme vidé, il reste immobile, et pas un de ses muscles ne bouge; on le croirait endormi, sans son regard profond, brûlant, plein d'une ardeur infinie; son œil est fixé vers le Maître, mais sa pensée est absente; au-delà des murs d'El Azhar, elle vole vers le pays lointain, Fez, Tombouctou ou Bagdad, le pays abandonné, le pays où cet enfant reviendra et dont, peut-être, il sera chef un jour... Jamais l'image du fanatisme ne m'était apparue avec tant de troublante évidence.

Devant ces têtes rases nous ressentons l'attrait anxieux du mystère. Quelles pensées s'agitent sous ces fronts bronzés ou noirs? Par quel miracle, ou plutôt par quelle inexplicable association de pensées, cette religion, matérielle jusque dans son paradis, se tourne-t-elle si facilement en mysticisme? Comment le monothéisme de l'Islam, absolu et intransigeant, souffre-t-il tant d'adorations particulières? Comment, puisque « Dieu seul est Dieu », chaque *Soufi* mort attire-t-il sur sa tombe des centaines de pèlerins?... Comment, enfin, ce matérialisme et ce mysticisme se confondent-ils dans les mêmes âmes, car l'état de sainteté — que, seul, le renoncement peut acquérir — donne droit à la domination matérielle, à la victoire effective sur les ennemis de l'Islam?... Chez nous, le sentiment patriotique et le sentiment religieux sont tellement distants l'un de l'autre que nous avons peine à comprendre qu'ils puissent ne faire qu'un. La vérité, c'est qu'un seul existe chez les mahométans; ces manifestations sont pareilles à celles de notre patriotisme; nous lui donnons le même nom : mais ce n'est que le sentiment religieux.

Ainsi entendu et pratiqué, il nous cause une sorte de stupeur. Nous avons trop oublié ce qu'étaient les âmes de nos pères, au temps où la « chrétienté » luttait contre l'Infidèle. Nous ne nous rendons pas assez compte de ce qu'est la religion pour les musulmans. Vaincus et dominés presque partout par les « Roumis », leur foi reste le seul lien qui les rattache les uns aux autres; et les apparitions successives d'un Madhi montrent quelle est l'unité et la pérennité de leur confiance dans la victoire finale. Ils ont concentré dans cette foi tout ce qu'ils ont d'énergie incompressible. Faibles, soumis, et un peu vils, pour tout ce qui n'est pas leur foi, ils redeviennent, pour elle, intraitables et farouches. Leur opiniâtreté a obtenu de nous ce que nous n'aurions pas même songé à leur demander. Ce pays est comme un prolongement de l'Europe; les Européens depuis cent ans en ont toujours été les maîtres; depuis dix ans ils l'occupent et le gouvernent; de plus, la population, habituée aux coups, vit l'échine courbée : le symbole de l'autorité est la courbache. Or n'est-ce pas une chose incroyable que, dans ce même pays, — dominé, tyrannisé, asservi, avili, — pas un Européen n'ose fouler de son pied les dalles d'une mosquée? Et ce n'est pas, croyez-le, une concession bénévole et sans portée. C'est la reconnaissance, par nous, de ce fait matériel que notre contact est une souillure... Et notre condescendance n'a qu'un motif : la peur, la peur d'exciter un mouvement, dont nous ne serions pas les maîtres!... Les musulmans ne s'y trompent pas. Ils voient que nous les craignons, et ils pensent que nous reconnaissons leur foi pour la seule vraie. Ils ne se révoltent pas tous les jours, parce qu'ils sont les éternels paresseux, et que leur mysticisme est un dérivatif salutaire. Mais quelle force cette conviction de notre crainte et de leur droit ne doit-elle pas leur donner, quand ils se décident à combattre?... Ajoutez que ce mépris de l'Européen, s'il est instinctif chez le vulgaire, est raisonné dans les classes supérieures; notre appareil de civilisation et de progrès ne les a pas étonnés longtemps; ils en ont discerné la vanité, surtout depuis qu'ils le voient de près; et, du reste, leur conception mystique de la patrie ne leur permet guère d'attacher d'importance aux progrès politiques dont on les accable. Aussi intelligents que nous, quoique d'une façon différente, ils ont été frappés de ce que nos procédés de domination avaient d'injuste. Ceux mêmes qui nous soutenaient tout d'abord se sont éloignés de nous. Le fanatisme, atténué et comme usé dans les basses classes, est remonté jusqu'à l'élite intellectuelle. Le véritable foyer de révolte, ce n'est pas le Bazar ou les ruelles du Vieux Caire, c'est ses universités et ses temples...

Et nous sommes ici dans le plus illustre de

tous. Regardons avec attention ce qui nous entoure. C'est à El Azhar que sont formés les prêcheurs des innombrables confréries auxquelles tout musulman est affilié, et qui sont maîtresses de l'Islam. D'ici rayonne une propagande incessante et formidable; elle s'étend jusqu'en Chine; elle est souveraine des trois quarts de l'Afrique; elle gagne prodigieusement aux Indes, où les conversions à l'Islam atteignent des chiffres fabuleux; elle progresse, sans arrêt et sans relâche, dans les pays nouvellement conquis par l'Europe : chaque contrée sauvage ouverte à la civilisation est une proie pour le musulman. Plus près de la nature que le christianisme, et plus à la portée des peuplades fétichistes de l'Afrique centrale, l'Islam leur plaît par son côté « démocratique », et par sa sanctification de la guerre... Aujourd'hui les musulmans représentent près de 16 p. 100 de l'humanité[1]. Qui saura mettre en marche ces hordes innombrables? Personne n'y réussira sans doute pour le moment. Mais certains le tenteront. Et celui qui l'essaiera le premier, c'est d'El Azhar, peut-être, qu'il sortira. Peut-être sera-ce ce garçon pâle et absorbé que je vous montrais tout-à-l'heure?

[1] Voir : *Panislamisme et propagande islamique* (Revue de Paris du 15 novembre 1899).

Peut-être sera-ce ce gamin qui pleurniche pour un coup de baguette?... Et si ce n'est pas lui, ce sera cet autre, ou cet autre encore. Tout, ici, sue la haine et le mépris du chrétien. Chaque jour qui passe avive cette haine et ce mépris. Ces gens sont le « contraire » de nous. Un éternel malentendu nous sépare. Pour qu'il disparût, il faudrait que nous cessions d'être, nous, ce que nous sommes, et eux, ce qu'ils sont...

***

Nous voici aux Pyramides... Médiocre matière à développements! On a tout dit sur elles, et ce qu'on a dit n'était pas toujours la vérité. Elles inspirent cette sorte de gêne qu'on a devant les « curiosités » trop célèbres; l'admiration, ni les raisons d'admiration ne sont plus libres: on sait trop, et trop d'avance, ce qu'il faut penser... De près, l'impression est meilleure. Tout de même, ces blocs éternels s'effritent: leurs revêtements de granit ont presque disparu; chaque année, elles perdent un peu de leur hauteur; et leur misère les fait plus proches de nous...

Nous passons devant Khéops, et nous allons

faire nos dévotions au Sphinx. Celui-ci, malgré tout le fatras littéraire dont il est encombré, reste imposant par sa mystérieuse beauté. Et une partie de cette beauté vient de sa ruine. Le nez et la joue gauche ont été brisés : le visage incomplet se crispe avec un sourire tourmenté, tandis que le torse roidi se dresse, sûr de soi. Rien d'inquiétant n'émane de lui : rien, au moins, de l'éternelle interrogation du Sphinx grec. Aucun doute ne trouble celui-ci ; l'impression qu'il donne est une impression d'assurance tranquille. Il est trop au-dessus de la terre pour se soucier des réponses d'un mortel...

Nous remontons. Nous longeons la face Sud de Khephrèn, nous dépassons Menkhérès et les petites pyramides en ruines, et nous gravissons la basse falaise qui s'élève à l'Ouest. Les sabots de nos ânes, ouatés tout à l'heure par l'épaisseur du sable, résonnent sur un sol rocheux où roulent des cailloux polis. Nous avançons jusqu'à l'extrémité du plateau, et notre vue s'étend sur le Désert.

Des dunes allongent leurs courbes molles et sans fin, et pas une aspérité ne vient en rompre le trait pur. Elles se croisent, se succèdent, se quittent et se rejoignent à travers l'immensité. A nos pieds, des vallons ouvrent leurs creux sombres, et le sable dont ils sont revêtus est uni et miroitant comme une étoffe de soie. Des sentiers s'indiquent, tracés par les pieds lourds des chameaux, et leur ligne droite s'affine jusqu'à l'horizon... Le soleil baisse. Les ombres grandissent, s'étalent, se couchent. A l'Ouest, le ciel flambe, tout rouge. Vers l'Est, le Caire est inondé de lumière. Des Pyramides jusqu'au Mokattam, un immense voile rose semble étendu. Les Pyramides sont roses, le Nil débordé roule ses flots roses jusqu'au pied de la falaise. Des eaux tranquilles, émergent des villages aux maisons basses, qui se reflètent dans le fleuve avec une incroyable netteté; la digue qui les relie à la terre est marquée d'un trait mince. A droite et à gauche de la route du Caire, — ruban vert sur la plaine rose, — des palmiers élèvent leurs troncs grêles, et leurs palmes vertes retombent mollement dans l'air limpide. En face, la citadelle, toute rose, dresse ses minarets élancés; roses, les maisons du vieux Caire, Gézireh, Boulak et l'île de Rhôdah... Vers la droite, le fleuve immense brille d'une clarté rose : voici Hélouan, Bédrachein, et plus loin les pyramides de Saqqarah, et celles de Dachour... L'air est d'une pureté insoupçonnable, d'une immobilité prodigieuse; ni les feuilles ni les palmes ne bougent; au-dessus de nous, pas un souffle : au-dessous de nous, pas un bruit. La vie de la nature semble interrompue.

Rapidement, le jour baisse. Et alors, c'est, — pendant cinq minutes... dix minutes... que sais-je... on perd la notion du temps... — c'est la plus merveilleuse vision qui soit au monde!... L'ombre descend sur la vallée du Nil, non pas l'ombre pesante et noire de nos pays du Nord, mais une ombre douce, légère, et transparente. Le fleuve, ses forêts, ses villages, ses lacs sont teintés de mille nuances infiniment tendres. On dirait que la lumière, avant de disparaître, veut les envelopper d'une dernière caresse. Les palmes les plus élevées, les plus hautes maisons des villages brillent, comme dorées; plus bas, le Nil est mauve, violet, gris perle...

Une petite barque passe au loin, et son sillage plus foncé ride seul l'immobilité des eaux. C'est une paix qu'aucune parole humaine ne saurait traduire... Et le rose brille encore là-haut sur les minarets de la citadelle, il monte lentement le long de leurs pointes effilées; une minute encore, et il s'est éteint... Derrière nous, brusquement, le soleil tombe et disparait dans la splendeur vide... Et, aussitôt, presque sans transition, c'est la nuit. Le ciel est bleu clair, presque blanc. Les étoiles s'allument, leur scintillement se reflète dans les eaux calmes, et c'est la Lune, maintenant, qui argente, de sa lueur nacrée, l'inexprimable sérénité des choses...

*
* *

C'est sur la rive gauche du Nil que s'étendait Memphis. L'invasion musulmane a détruit ce que l'Édit de Théodose avait laissé debout; de la cité antique et merveilleuse, il reste quelques colosses en morceaux, et l'immense nécropole qui va de Dachour à Gizeh. Les pierres des sanctuaires d'Amon ou de Phtâh ont édifié des mosquées; et l'on pourrait philosopher sur l' « état d'âme » de ces blocs de granit, ayant servi à glorifier successivement deux formes rivales de la Divinité. Regrettent-ils les splendeurs du culte aboli, et les sveltes obélisques autour desquels se déroulait la longue théorie des prêtres escortant l'Apis vénéré? Ont-ils, au contraire, oublié leurs dieux anciens; et, comme les fanatiques que je vous montrais à El Azhar, attendent-ils la suprême victoire de l'Islam pour fleurir de leurs fines arabesques le cortège d'un chef triomphant? Contemporains des premiers âges du monde, ont-ils enfin conquis la paix; gardent-ils la même indulgence aux tentatives de l'humanité pour se rapprocher du Dieu espéré, et n'ont-ils plus de haine que pour les iconoclastes, d'où qu'ils viennent, qui ne savent convaincre qu'en détruisant?...

Songez que, sur ces pierres qui s'élèvent maintenant en coupoles élégantes ou se dressent en minarets effilés, un ciseau anonyme et patient avait reproduit jadis les images sacrées des dieux et des rois, et que, pendant quatre mille ans un culte, dont la splendeur nous effare et dont le sens nous échappe, a été célébré à l'ombre des pylônes qu'elles ornaient! Dans ce royaume de la métempsycose, dans ce pays où la lumière met des vibrations infinies, on ne doute point que les choses aient une âme; ces pierres profanées remplissent d'horreur et de pitié, comme des âmes violentées... Et leur destinée semble si cruelle qu'on se demande si elle n'est pas méritée. Sous ces voûtes et dans ces piliers, n'est-pas un prêtre prévaricateur ou un mauvais roi, condamné à subir pendant les siècles le spectacle de ses autels remplacés ou de son royaume avili? Et c'est peut-être, au contraire, l'âme d'un sage, contemplant avec sérénité les décombres accumulés des siècles, et content de son sort, puisque deux fois il a aidé à faire de la Beauté ?... C'est sur cette terre que naquit la légende de Memnon. Et, si les pierres chantaient pour célébrer la gloire du soleil levant, pourquoi n'auraient-elles pas des larmes pour pleurer la ruine de ce qu'elles glorifiaient autrefois? Pourquoi, vivantes comme nous et plus près du calme suprême, ne seraient-elles pas satisfaites d'avoir donné aux pauvres hommes quelques motifs de joie, c'est-à-dire quelques prétextes à rêveries ?...

Deux fois vénérables, elles sont belles aussi, d'une beauté un peu hautaine. Nulle part on ne trouve ici cette teinte grise qui donne à nos monuments je ne sais quoi d'intime et de doux. Les murailles des mosquées se dressent, toutes planes, roussies par le soleil : pas une mousse ne les protége ; elles s'effritent et laissent tomber une poussière impalpable qui vient s'ajouter à la poudre des siècles. Le sol lui-même est plein de souvenirs. Aux murs unis, sont percées des fenêtres ; étroites, tantôt simples et tantôt doubles, ici ornées de sculptures en grappes, et là s'ouvrant à cru dans la pierre, elles sont placées sans symétrie. Les Arabes, si soucieux de décoration intérieure, négligent l'extérieur de leurs temples ; les fenêtres servent, non à parer le revêtement, mais simplement à éclairer les chapelles et les tombeaux placés à l'intérieur. Le porche, de belles dimensions, haut et large, offre un portail richement sculpté ; les portes, d'ordinaire en bronze ciselé, sont couvertes de dessins d'une variété extrême : et, sous la voûte, deux blancs de pierre, polis par le temps, allongent leurs faces brillantes. Une sorte de vestibule, puis une « chapelle » qui sert le plus souvent d'école, une autre, parfois d'autres encore, et l'on pénètre dans la cour centrale de la mosquée, le *Sahn-el-Ghâmi*[1].

Ses proportions sont admirables. Rectangulaire, entourée de hautes murailles au-dessus desquelles on n'aperçoit que la pointe du minaret dressé vers le ciel, elle est à la fois majestueuse et recueillie : même, à midi, le soleil y allonge de larges pans d'ombre : les pas résonnent dans l'espace vide. — Au milieu de la cour, un bassin couvert par un kiosque que soutiennent de fines colonnettes ; et, à côté, une fontaine de dimensions plus modestes. Des chapelles encadrent, des quatre côtés, le *Sahn-el-Ghâmi* ; elles renferment des tom-

[1] Dans l'impossibilité où l'on est de donner une description de toutes les mosquées du Caire (on en compte près d'un millier), on a dû se borner aux dispositions le plus généralement répandues. Pour composer ce « type », l'admirable mosquée du Sultan Hassan a principalement servi de modèle.

beaux surmontés de coupoles, des trônes de pierre, des espèces de « lutrins » également en pierre, où l'on posait le livre saint... Ces chapelles communiquent avec la cour par de larges arcades, barrées seulement d'une grille de fer. Une chapelle plus grande que les autres s'ouvre sur l'une des façades de la cour et la tient tout entière. C'est le sanctuaire. La voûte s'élève, plus haute, sur une frise où courent des versets du Coran. A la coupole, des moucharabiehs s'accrochent, pareils à des nids d'abeilles, d'une légèreté et d'une grâce infinies; et, juste au sommet de la voûte, une sorte de clocheton se dresse, long et mince, éclairé par des vitraux et des moucharabiehs en bois ou en pierre. La décoration murale est d'une surprenante richesse. On sait que les Arabes n'employaient, comme motifs d'ornementation, que des dessins géométriques; des lignes se croisent, inscrivent des rectangles, des losanges, des triangles, toutes les figures planes de la géométrie; et, entre ces lignes, viennent s'incruster des pierres ou des marbres de couleurs, formant une décoration étonnamment harmonieuse. Quatre teintes seulement y figurent : le jaune (ou or), le blanc (ou argent), le rouge, et le bleu; joignez-y le noir qui, sans faire précisément partie de la décoration, entoure les mosaïques d'un trait plus foncé, et en adoucit l'éclat. Dans le mur du fond, une niche est creusée, pareille à celles où s'abritent les saints de nos églises : elle part du sol et s'élève à hauteur d'homme. Elle est orientée vers la Mecque. Ici s'accumulent les merveilles de l'art décoratif; les dessins, qu'on dirait seulement esquissés sur les murailles, apparaissent avec une richesse plus éclatante, tracés d'un trait plus net et plus appuyé ; les lignes se resserrent, les couleurs se rapprochent, sans un heurt, dans la plus complète harmonie. La mosquée semble, en quelque sorte, résumée ici; de petites corniches en bas-reliefs reproduisent la corniche qui soutient la grande voûte; souvent, le marbre est remplacé par des pierres précieuses, et de minces colonnettes de turquoise sont à demi incrustées dans le mur...

Malheureusement, ces décorations disparaissent : les pierreries ont été volées, les marbres cassés, et les pierres réduites en poussière. Des fragments subsistent seuls, qui permettent de reconstituer l'ensemble, et qui font maudire l'incroyable incurie des maîtres successifs de ce pays. Aussi n'est-ce pas dans les mosquées qu'on peut se rendre exactement compte de la beauté décorative du style arabe.

La légation de France en offre des spécimens infiniment plus complets, et d'une beauté achevée. Ici dessin et couleur paraissent dans toute leur pureté ; leur variété est prodigieuse, presque incroyable quand on songe par quels procédés uniformes elle est obtenue ; des plaques de marbre, des bois sculptés d'une légèreté arachnéenne, des lampes de mosquée, admirables de formes et de tons, d'une valeur inestimable, font de ce palais une maison de rêve. Et celui qui en a la garde l'ouvre avec une bonne grâce inépuisable et renseignée, qui fait que ses hôtes deviennent, — et restent, — ses obligés.

Rien dans les mosquées n'éveille, pour nous, l'idée d'un temple. Cela pourrait être une école, une salle de conférences. En dehors de la chaire et d'une sorte de lutrin, pas un « objet du culte ». Les décorations mêmes, si elles sont divines, le sont par leur seule beauté et par la magnificence de ce qui les encadre ; on sait que le mahométisme interdit la reproduction, picturale ou sculpturale, des choses animées ; pas même une plante, pas même une feuille sur les mosaïques : les chapiteaux eux-mêmes sont géométriques.

Le temple, peut-être, nous aiderait à comprendre la religion.

Le temple est vide; pas un de ces autels où nos prêtres, en montant semblent se rapprocher de Dieu ; pas une de ces statues par quoi les saints et la Vierge montrent leur intercession toujours prête, et qui, — représentant le Père, le Fils, la Mère et les serviteurs, — nous donnent l'illusion rassurante d'une famille idéale, modèle des nôtres. Tout l'effort du christianisme a été de diminuer la distance entre l'Homme et Dieu; de la supprimer même, puisque le Juste, au Paradis, devient en quelque sorte partie de la Divinité... L'effort de l'islamime a été opposé. Voulant combattre le polythéisme, il a tout fait pour séparer l'Homme de Dieu. Nulle religion ne fut moins entachée d'anthropomorphisme. Elle ne comporte même pas de sacrifice, car le sacrifice implique au moins un « rapport » de l'Homme à Dieu. Et Allah est si haut qu'il est presque aussi loin du Paradis que de la Terre.

Entre lui et l'humanité, pas d'intermédiaire; les Anges sont exclusivement les messagers de Dieu; on vénère le Prophète parce qu'il a révélé la Loi : il est le guide ou le modèle : il n'est pas l'avocat. Dans nos églises, les fidèles sont séparés du prêtre, qui est « avec Dieu ». Dans les mosquées, prêtres et fidèles sont confondus, pareillement éloignés d'Allah. Le culte se borne à ceci : une fois purifié, écouter la parole ; la « prière » n'est qu'une adoration. Le temple n'est en aucune façon la « demeure de Dieu » ; il n'y a même pas de prescriptions rituelles pour sa construction : quatre murs suffisent, s'ils sont orientés vers la Mecque. A notre Dieu fait homme, nous prêtons des goûts humains; nous voulons que sa maison soit belle et bien ordonnée. Allah est si loin qu'il ne voit même pas son temple... On peut, sans lui manquer de respect, négliger l'entretien de la maison où on l'adore. Allah sait tout, et rien n'arrive que ce qu'il veut. Cette mosquée s'écroule, c'est donc qu'Il l'a voulu. La réparer serait le contraire d'un acte de piété...

Ceci explique (non sans quelque confusion, j'en ai peur), le paradoxe de temples en ruines et d'une religion toujours vivace... Si l'on ne répare pas, on construit. Juste en face de la mosquée du Sultan Hassan, une autre mosquée gigantesque a été commencée, où est enseveli Ismaïl-Pacha ; elle a dû être interrompue, faute d'argent ; mais la moitié des sommes déjà dépensées aurait suffi à remettre en état l'admirable mausolée d'Hassan !... Faisons-nous musulmans, pour un instant : « Rien n'arrive que ce qu'Allah a voulu. » Il n'a pas voulu sans doute, qu'on lui dédiât un temple pareil à celui qui existe déjà à la Citadelle. La « mosquée d'Albâtre » est d'une abominable richesse : tout y étincelle, tout y brille : l'or l'ivoire, l'argent, les pierres ; les grilles, les coupoles, les murs sont dorés ; cela crie, cela hurle, cela est d'une laideur offensante. Chose assez curieuse, — moins curieuse qu'il ne semble, puisque nos architectes ont adopté le « style byzantin », — cela ressemble un peu à nos églises modernes. Et l'on se prend à songer à une réconciliation de toutes les religions du monde, dans l'universel mauvais goût...

*
* *

... Proche de la mosquée *El Hakim* s'ouvre la *Bâb en Nsar;* toutes deux sont célèbres par les combats qu'y livrèrent les soldats de Bonaparte lors de la révolte des Mamelucks. Nous sortons de la ville, et aussitôt commencent ces dunes qui entourent le Caire à l'est et au sud, et s'élèvent même, dans la ville, au-dessous de la Citadelle.

Le sable qui les forme est fait de décombres. Poussière de temples, poussière de palais, poussière de tombeaux. Le soleil a mordu les pierres; chaque jour, pendant des siècles, le temps a accompli son œuvre patiente et sûre...

Au-delà d'une certaine limite, la chronologie ne représente plus rien; le temps, comme l'espace, a besoin de repères : et, de même que le désert nous est proprement incommensurable, de même les milliers et les milliers d'années nous représentent un « ensemble » si lointain qu'il a presque cessé d'être humain. Il faut un effort pour comprendre que ce temps se divisait comme le nôtre, et que des années passaient, ou des mois, ou des jours, apportant de la joie ou de la misère à des êtres dont les désirs ne devaient guère différer des nôtres... Ici le passé n'est plus une « expression philosophique »; c'est une réalité dont nous voyons la trace matérielle. Il se fait, non pas plus proche, mais plus vivant. C'est un repère qui nous montre, — à peu près, — où nous sommes, dans la suite infinie du temps...

Et ces décombres amassés ont formé de vraies collines! Nous gravissons une pente assez raide. C'est une rue étroite et tortueuse; et, dans le sol friable, les roues de la voiture entrent jusqu'au moyeu. Les maisons sont basses, bâties de briques crues; une poussière opaque monte comme une fumée, enveloppant les choses d'un voile gris et terne. Les fenêtres sont rares. Une porte basse s'ouvre au ras du sol, grise aussi. De temps à autre, une maison plus haute, construite en pierres, mais que la même poussière a couverte de la même teinte uniforme. Parfois, les maisons serrées s'écartent, le « bloc » se disjoint, et l'on aperçoit une sorte de petite cour close de murs, où s'élèvent, pressés l'un contre l'autre, de nombreux monticules surmontés d'un dôme étroit, en forme de fez ou de turban. C'est un cimetière, ou plutôt une suite de cimetières musulmans. C'est ici le quartier des morts. Les maisons sont des sortes de maisons de deuil, où les familles viennent se recueillir à des époques fixes, pour pleurer ceux qu'elles ont perdus. Les tombes sont si rapprochées qu'elles donnent en vérité une impression de foule. Dans ce pays tout de lumière et de chaleur la mort même est « vivante ».

Ainsi les passés se rejoignent. Des invasions sans nombre ont accumulé ces décombres. Les hommes d'hier viennent dormir dans une terre faite de la gloire de leurs ennemis vaincus, et peut-être, dans le sol où ils reposent, reconnaissent-ils les débris des demeures élevées par les conquérants de jadis, fondateurs de leur famille ou de leur race?...

Nous redescendons, maintenant, par la route toujours sablonneuse, et dans le même nuage de poussière. Les maisons deviennent plus rares. Nous sommes dans un vallon aux parois abruptes, formé d'un côté par les collines que nous venons de traverser, et de l'autre par le revers du Mokattam et de la Citadelle. Et au long du vallon s'étendent les « Tombeaux des Khalifes ».

L'aspect des maisons a changé. Ce sont des manières de huttes, cubes de terre où l'on ne peut entrer qu'en rampant. Un village fellah s'est installé dans la nécropole; des cabanes s'arc-boutent aux murailles des mosquées et des tombeaux, et parfois une pierre sculptée forme le seuil, arrachée, on ne sait quand, aux ruines voisines. Notre voiture s'arrête à une sorte de large carrefour. Et aussitôt, de chaque ruelle, de chaque sente, de chaque maison, de chaque repli du sable, une foule hurlante se précipite sur nous, et des centaines d'enfants tendent la main en réclamant le traditionnel bakschich. Il en arrive, il en arrive encore. Des grands, qui sautent du toit où ils faisaient la sieste, ou qui bondissent par-dessus les monticules de sable; des petits, qui crient de leurs voix perçantes, et qui roulent sur leurs jambes grêles leur ventre rondelet... Le même cri nous enserre, et, où que nous regardions, ce n'est que mains suppliantes. Notre dragoman et notre cocher s'escriment à coups de fouet; la mèche siffle et s'abat; le frappé hurle plus fort; les autres ne bougent pas... Ils sont superbes, du reste. Nus comme des vers pour la plupart, ils ont une souplesse et une élégance incroyables. Les filles, pas plus timides, mais un peu plus vêtues, sont admirables. Une surtout, d'une douzaine d'années, offre le plus pur type de la race. Le nez droit continue la ligne du front : les lèvres larges et égales encadrent des dents merveilleuses : un diamant noir brille sous l'arc accentué du sourcil. Deux masses de cheveux noirs se gonflent de chaque côté du front bombé; la peau, d'une belle couleur café au lait, est unie, lisse, et laisse transparaître le sang jeune. Des bracelets grossiers dansent à ses poignets et à ses chevilles, d'une finesse extrême. Elle est vêtue d'une longue robe bleue, — ce « bleu égyptien », si joli sous la claire lumière, — et ses larges manches flottantes sont semblables à deux ailes. Ses mouvements ont une souplesse et une grâce animales. Elle court et marche avec l'élégance élastique d'un jeune chat. Elle semble rebondir sur la terre. Un seul mot résumerait l'impression qu'elle donne : la race.

Et songez à travers quelles vicissitudes et quels croisements s'est prolongée la pureté de type de cette enfant, toute pareille aujourd'hui aux figurines graciles qu'on voit au tombeau de Tî, — lequel date de près de cinq mille ans !... Ces réflexions, du reste, n'ont pas l'air de troubler la jeune prêtresse, qui reçoit et allonge des taloches avec simplicité, parmi l'essaim toujours hurlant de ses camarades. Des piastres sont jetées en l'air ; ils s'éparpillent comme une volée de moineaux, et, après quelques bourrades, reviennent autour de nous. Je les regarde. Leur tête tendue, leurs yeux suppliants, l'espèce de tremblement qui agite leurs lèvres, leur donnent une expression d'envie bestiale : l'expression d'un chien à qui l'on montre un os. Et j'ai le regret de la retrouver, cette expression, sur le visage si pur de notre petite prêtresse. En somme, ressemble-t-elle tant aux courtisanes sacrées qui dansaient devant Tî ?...

... L'heure s'avance, et nous voici maintenant à mi-hauteur de la colline qui porte la Citadelle. Nous dominons les vallons où dorment les tombeaux des khalifes. Nous venons de les visiter. Si beaux que soient encore quelques-uns d'entre eux, leur description sera fastidieuse. De plus, dans ce pays de lumière, rien ne vaut une vue d'ensemble.

A nos pieds, des ruines, toujours. D'en-haut, le village fellah apparaît comme une suite de dés dont la face supérieure aurait été enlevée. Là-bas, à l'extrême droite, le tombeau de Kaït-Bey, le plus beau peut-être, avec son élégante coupole, et son minaret svelte. A gauche, le tombeau de Yoûsouf. En face, celui du sultan Barkouk... Mais à quoi bon énumérer?... Les coupoles et les minarets s'étendent presque à l'infini. On dirait une ville, grande et populeuse, riche et puissante. De quelle grandeur, en effet, et de quelle confiance témoignent ces tombes grandioses! Et pourtant, parmi celles que nous avons visitées tout à l'heure, il en est qui restent anonymes. On ignore jusqu'au nom de celui qui les a construites!

⁂

... De nouveau, c'est l'heure incomparable, l'heure unique, celle à quoi rien ne ressemble dans nos pays à longs crépuscules. Le voile rose est plus épais, doublé pour ainsi dire, par la poussière millénaire. Il dissimule les ruines, ferme les brèches, ne laisse voir que la forêt de coupoles et de minarets, beaux de la même beauté solennelle. Cette vaste nécropole, tout à l'heure, nous paraissait trop éclatante et trop sonore; on veut plus de repos au séjour des morts. La nuit paisible descend doucement sur les tombes. Le Mokattam et la Citadelle étendent leurs grandes ombres sur la vallée; elles la couvrent toute. C'est l'ange Asrâfil, sans doute, qui vient bercer le songe éternel de ceux qui dorment là-bas, et qui agite de ses ailes le vent glacial qui nous fait frissonner...

*
* *

On ne peut quitter le Caire sans parler du musée de Gizeh. Mais ce n'est pas sans quelque embarras que je m'y décide. Au surplus, mon opinion est celle d'un ignorant qui cherche seulement à être sincère, et qui traduit ses impressions comme elles lui viennent.

Écartons, si vous le voulez bien, les « objets d'art » : statues et bijoux. Les premières sont intéressantes malgré leur raideur; et les physionomies en sont assez expressives. Malheureusement, elles sont presque toutes réparées;

et une joue en bois, un nez en stuc ou un pied en plâtre gênent un peu mon admiration. Je crois, — ceci est dit avec toutes les réserves d'usage, — je crois que ce qu'il y a de plus curieux en elles, c'est leur ancienneté. M. Perrichon dirait : « Que c'est vieux ! » et : « Que c'est bien conservé ! » Je confesse avec quelque honte, que je ne puis guère en penser davantage. — Les bijoux, au moins les bagues et les colliers, sont assez jolis, sans plus... Cela, j'ose l'affirmer, et je le fais avec d'autant plus d'énergie que je prévois avec effroi le moment où l'art égyptien va remplacer pour nos snobs tous les autres « arts » déjà gâchés par eux. Les agrafes et les peignes, les objets en or et argent ciselés sont supérieurs ; le dessin, toujours un peu raide, en est délicat ; et les sertissures des pierreries font songer un peu à ces joyaux de la Renaissance qu'on a remis à la mode depuis quelques années[1].

[1] On peut également voir au Caire, dans un magasin connu de tous les amateurs, des crédences qu'on dirait venues de la Florence du XVIe siècle. On donne, de ceci, l'explication suivante, que je n'ai pu contrôler : les moines de la Chartreuse de Pavie, ayant accompagné les Croisades, auraient rapporté des modèles de meubles arabes et de bijoux égyptiens (ceci serait plus discutable) ; ils les auraient jalousement et longtemps gardés, les copiant pour orner leurs églises et leurs vases sacrés ; du cloître, ces modèles auraient fini par se répandre au dehors, et auraient été l'une des sources où se seraient inspirés les artistes italiens.

Cela dit, — et je ne crois pas, en conscience, qu'on puisse rien ajouter, — arrivons à ce qui fait le principal intérêt du musée, aux monuments et aux momies. Une fois encore, et ce sera la dernière, je m'excuse de ma sincérité.

∴

Il y a, dans l'histoire de l'Égyptologie, un moment d'émotion en quelque sorte classique. Celui où Mariette, ouvrant le Sérapéum de Saqqârah, trouva marquée sur la porte la main du dernier homme qui y était passé, trois mille ans auparavant... Et je ne nie point qu'une telle émotion ait dû être rare. Pareillement, je crois concevoir assez bien ce qu' « il faut penser » devant la momie de Ramsès II : de cette bouche tordue sortaient des ordres obéis par ce qui était le Monde : un geste de ce bras aujourd'hui desséché faisait trembler l'univers civilisé d'alors... Précisément, ce qui me gêne un peu, c'est d'être obligé de penser tout cela : 'émotion qui n'est pas libre devient du snobisme : et nulle n'est moins libre que celle-ci. Il *faut* penser ces choses et non d'autres ; on e peut, en vérité, penser que cela.

Ce n'est pas tout. L'émotion que j'ai devant

Sésostris, il faudra l'avoir aussi pour Séthos, pour Aménophis, pour Thoutmosis... pour chacun des rois des trente dynasties ! C'est, si l'on peut dire, une émotion « passe-partout ». Le même développement servirait pour tous ; il suffit de changer le nom, et quelques détails géographiques.

Remarquez, en outre, que ces momies et ces tombeaux ne nous donnent que des renseignements « matériels » ; et c'est un peu cela qui m'empêche de goûter l'Égyptologie autant que je le souhaiterais.

En effet, l'histoire dont on nous montre ici les traces est ancienne et illustre entre toutes. Cette terre a porté un monde qui nous est connu, et qui nous reste impénétrable. Nous savons très exactement à quoi servaient les Sérapéum ; et il nous est à peu près impossible de repenser les idées qui les ont fait construire. Connaissons-nous, d'une façon précise, le vrai rôle de l'Apis dans la religion égyptienne ? Cela a son importance, car un pareil culte ne s'accorde guère avec l'état de civilisation avancée où étaient arrivés les Égyptiens... Ils marquent une étape essentielle de l'histoire de l'humanité. Nous savons, nous croyons qu'ils sont nos ancêtres, et nous ne voyons pas ce qui nous relie à eux. Plus tard, nos aïeux directs vécurent en Égypte. Des légendes pareilles ont été découvertes, des dogmes presque semblables, des symboles reconnaissables à travers les formes différentes, des idées communes... Et nous ignorons, très complètement, par qui furent inventés ces légendes et ces symboles; s'ils sont nés sur les bords du Nil, ou si c'est nos pères qui les ont enseignés à l'ancienne Égypte. Un large espace vide entoure l'Égypte sur la carte historique de l'humanité. On ne sait d'où elle vient: on ignore où elle va. Sa civilisation a quelque chose des momies qu'elle garde en son sol desséché. Isolée et indestructible, elle apparaît un jour telle qu'elle était il y a quatre mille ans, alors que tout s'est transformé autour d'elle. On voudrait savoir ce qu'étaient ces hommes, comment ils pensaient, comment ils souffraient, ce qui les rapproche ou les différencie de nous... Et l'on nous montre leurs squelettes, leurs étoffes, leurs bijoux et leurs tombes! Et l'on nous dit aussi que leurs engins de pêche et de chasse ressemblaient aux nôtres, et leurs fourchettes à celles dont nous nous servons!...

Tout de même, c'est peu, en comparaison de ce que nous voudrions connaître. L'Égyptologie est trop uniquement physique. J'entends bien que, de ces reproductions de la vie matérielle, on prétend déduire les façons de penser et de sentir. Mais ici la part de l'hypothèse est vraiment trop grande.

Je ne crois pas exagérer. Au surplus, imaginez les pensées qu' « on doit avoir » devant la momie de Sésostris. Vous le pourrez sans difficulté. Et elles seront toutes pareilles, que vous ayez vu ou non la momie... Mon raisonnement, sans doute, n'est pas irréfutable. Peut-être montre-t-il, toutefois, ce qu'il y a d'un peu artificiel dans l'enthousiasme égyptologique? Je veux surtout dire l'enthousiasme pour les momies, les bandelettes et les fourchettes. Pour les palais, pour les temples, c'est autre chose. On ne peut, sans les avoir vus, imaginer l'impression qu'ils donnent. Excitez-vous d'avance sur Karnak ou sur Philæ ; toute cette excitation tombera dès que vous vous trouverez devant leurs Pylônes. Ici le cadre si grandiose nous contraint à reconstituer tant bien que mal les fêtes qui s'y déroulaient... Car c'est mon dernier grief contre l'Égyptologie : avoir arraché ces momies à leurs tombeaux ! L'intérêt qu'elles inspirent aux fervents est contradictoire avec les injures que ces mêmes fervents leur ont fait subir. Si, vraiment, le squelette desséché de Ramsès II est digne de vénération, il fallait le vénérer là même où il avait voulu reposer. Jamais la superstition du « musée » ne m'était apparue plus choquante. Si Sésostris en poussière « signifie » quelque chose, ce ne peut être qu'au milieu des tombeaux pompeux qu'il s'est fait construire... Et si vous voyiez le musée lui-même!... Sa décoration, bleue, rose et blanche passe toute idée; on dirait d'interminables rangées de boîtes de baptêmes. Sésostris couche chez Boissier!...

Ce n'est pas de la faute des égyptologues. Mais c'était une raison de plus pour laisser ces restes augustes où ils étaient.

LE HAUT NIL

... Nous voguons sur le Nil depuis des jours dont le compte nous échappe. On perd ici la notion du temps. Notre navigation se poursuit, monotone, surtout au début; monotone, non parce qu'il ne se passe rien, mais parce qu'il se passe toujours la même chose. Et cette même chose, qui se renouvelle toutes les deux ou trois heures, c'est un échouage : la crue de cette année est la plus basse du siècle...

Un heurt léger d'abord, à l'avant; puis le bateau se soulève, retombe, et sa quille plate s'enfonce lourdement dans le sable. Les palettes des roues, à demi sorties de l'eau, tournent à grand bruit. Elles s'arrêtent. On fait machine en arrière, et les roues battent de nouveau, essayant de nous remettre à flot. Le plus souvent leurs efforts sont inutiles. Alors les fellahs de l'équipage s'arc-boutent sur de longues gaffes et tâchent à nous dégager, d'un effort régulier que rythme une invocation, un peu machinale j'en ai peur, au Tout-Puissant : *Ilâha ill' Allâh, Ilâha ill' Allâh !...* laquelle est l'accompagnement obligé de toute besogne un peu difficile. La nuit surtout, le spectacle ne manque pas de grandeur. Les fellahs, vêtus de leur longue robe bleue et la tête couverte d'étoffes de laine, s'agitent comme des diables, et la lueur incertaine des fanaux projette sur le fleuve des ombres fantastiques. A vingt mètres de la dhahabiyé, c'est l'obscurité, rendue plus dense par l'ombre des rives. L'eau qui vient vers nous semble en surgir et s'élancer. A l'avant, le pilote, armé d'une courte perche, sonde, et cherche le chenal ; il commande, et les fellahs passent de bâbord à tribord, éclairés un instant, et replongés aussitôt dans le noir... Il arrive qu'Allah soit distrait et que les gaffes soient impuissantes. Alors une barque se détache du bord, cherche un passage, jette l'ancre, et notre bateau se hâle sur elle, pendant que de la barque invisible s'entend encore la prière : *Ilâha ill' Allâh, Ilâha ill' Allâh !...* Et, comme les « impressions de voyage » consistent, en somme, à tout ramener à soi, l'on pense qu'en pareil cas nos marins à nous invoqueraient aussi le nom de Dieu, mais d'une manière un peu différente...

Le chenal retrouvé (il change presque chaque jour), le bateau se remet en marche. Fréquemment des barques nous croisent, basses sur l'eau, avec leur avant relevé, et leurs voiles semblables à de grandes ailes. Elles vont lentement, car la brise est faible, et elles doivent courir des bordées. Elles sont chargées d'hommes ou de femmes, qui, accroupis et serrés en grappes, ne semblent guère se douter qu'ils font quatorze lieues en quinze jours... De cette patience, qui n'est peut-être que l'ignorance de ce qu'est le temps, nous avons à chaque instant des exemples surprenants. Le bateau qui nous mène dessert certaines stations ; cette fois, grâce à nos nombreux échouages, nous étions en retard de dix-huit heures ; les « voyageurs » attendaient sur le ponton, couchés ou assis ; pas un n'avait l'idée de se plaindre.

*
* *

Les rives du Nil, dans ces parages, sont étonnamment peuplées. C'est une suite ininterrompue d'ouvriers agricoles qui passent dans leurs *galabichs* bleues, à pied ou à âne ; et les petits bourricots trottinent leur amble régulier sur l'étroite digue qui longe les champs. De place en place, et très rapprochés cette année, vu le niveau du Nil, des *chadoufs* et des *sakiyés*. Ceux-ci se composent d'une tranchée creusée perpendiculairement au fleuve; au dessus, un bœuf ou un chameau, les yeux bandés, tourne une large roue qui va puiser l'eau et la porte dans un réservoir. Les *chadoufs* sont plus primitifs encore. Le long de la berge inclinée, d'étroits bassins sont creusés, depuis le niveau du fleuve jusqu'au sommet; une sorte de fléau surmonte chacun d'eux, soutenu sur un échafaud rudimentaire, et portant à l'une de ses extrémités un sac en cuir; un ouvrier incline le sac jusqu'au fleuve : il le remplit, le relève, et le vide dans le premier bassin, où un nouveau fléau vient à son tour puiser l'eau et la porter dans le second.

Cette année, on compte jusqu'à cinq ou six réservoirs le long de la berge. Les ouvriers travaillent depuis le lever jusqu'au coucher du soleil. Avec une régularité de machine, ils abaissent et relèvent le sac plein d'eau, pliant et redressant sans cesse leurs reins enveloppés d'un seul pagne de cotonnade; enfoncés dans la tranchée comme dans une boîte, les pieds cramponnés aux parois glissantes, exposés, sans air, aux rayons du soleil, leur travail doit être extrêmement pénible; nègres pour la plupart, leur peau tannée colle sur leurs muscles secs, et leurs silhouettes noirâtres se confondent presque avec les berges : parfois une touffe blanche surmonte leurs corps grêles; c'est un vieillard, aux cheveux blancs, plus sec encore que les autres... Et l'on songe au nombre de fois qu'il s'est penché vers le fleuve, depuis que sa barbe blanche a commencé de pousser, et qu'il a, pour la première fois, touché les six ou huit sous qui forment son salaire quotidien.

A l'approche des villages la population est plus dense. Les ouvriers sont plus nombreux, et aussi les flâneurs qui errent sur le bord du fleuve attendant un hypothétique bakschich. Des femmes aussi, qui ramènent le yaschmak sur leur visage et descendent puiser de l'eau. Nous retrouvons ici l'impression d' « Histoire sainte » que nous avions eue à notre entrée en Égypte, entre Ismaïliah et le Caire. Mais, cette fois, nous voyons de trop près Jacob et Booz. Quand le bateau s'arrête, nos patriarches dégringolent vers nous la main tendue; qu'on leur jette une piastre, et les voilà tous à plat ventre, luttant des pieds et des poings. La courbache même est impuissante à les séparer. Le bakschich, plus rare ici, est poursuivi avec plus d'avidité. Ce sont de grands enfants, — à la peau très dure. Quand l'heureux possesseur de la piastre a pu la mettre dans sa bouche (la poche est ignorée, et pour cause), il se sauve. Les autres hésitent un instant: courir après lui, ou rester? mais vers lui, c'est une poursuite douteuse, et un précédent fâcheux. Vers nous, c'est la mine inépuisable, et la « chair à bakschich ». Ils restent. Une minute plus tard, le voleur de tout à l'heure est au milieu d'eux: ils ont oublié ce qui s'est passé... Nous sommes sans force, nous autres Européens, contre leur opiniâtreté. A Esneh, un fellah s'accroche à nous et s'offre comme guide : refus, menaces, coups de poing et coups de canne sont inutiles; il incline la tête, comme pour nous dire: « C'est bon! C'est bon! » Nous sommes sa proie. Et le plus drôle, c'est la vigueur avec laquelle il nous défend contre les obsessions de ses confrères ; son bâton ne chôme guère ; et, quand la place est nette, il se retourne vers nous avec assurance, et nous montre le chemin. Nous l'avons suivi. Qu'aurions-nous pu faire?...

*
* *

Je disais que la navigation sur le Nil est monotone surtout au début. C'est que tout est relatif. La monotonie, comme toute chose, n'a de sens que par rapport à notre état d'esprit; elle signifie simplement qu'il se passe moins de choses que nous n'en attendions. Or, cet état d'esprit est vite modifié par la nature au milieu de laquelle nous vivons. Son immobilité nous calme : la paix séculaire qui émane d'elle endort notre fièvre. Elle est si énorme, qu'il n'y a plus de proportion entre nous et les choses; trop petits pour ce qui nous entoure, nous sentons qu'un geste de nous ne « compterait » pas. Et son antiquité nous fait mieux voir la vanité de ce qui pourrait « nous arriver » : Ajoutez, — car, pour qu'une impression morale donne tout son effet, il n'est pas mauvais qu'elle soit doublée d'une sensation physique, — ajoutez que la chaleur est assez forte en cette fin de novembre. Et vous comprendrez que nos journées passent sans trop de lenteur, et qu'étendus sur des chaises légères nous assistions avec une impassibilité tout orientale à la fuite des heures...

Ainsi, les jours se succèdent, et les soirs, et les nuits. Notre *kief* ne nous rend pas insensibles à la beauté des choses; il nous met au contraire dans l'état d'esprit le plus propre à les apprécier. Sur le Nil, l'agitation serait un contresens. Admirons, mais sans gestes.

Il allonge à l'infini la largeur paisible de ses flots jaunes. Il semble immobile, et pourtant l'eau jaillit et bouillonne sous l'effort de la dhahabiyé. Son courant est rapide et invisible. Il est l'image assez exacte de ce monde d'Orient qui semble dormir, et où l'on sent, quand on s'en approche, une vie intense et d'amples frissons... Parfois le fleuve immense infléchit sa course, et barre l'horizon. Le bateau avance, et l'énorme route apparaît de nouveau, sans limites, contournant des bancs de sable semblables à l'échine dorée de poissons fabuleux. Le fleuve est bas. Son cours est encaissé par des berges hautes, faites d'une boue noire et luisante. Des champs de canne à sucre, de maïs ou de sorgho, alignent leurs feuilles vertes, masses compactes que perce çà et là un canal d'irrigation. Des collines rousses bordent l'horizon, desséchées et poudreuses. Ici de larges trous noirs s'ouvrent à mi-hauteur, hypogées dont l'entrée seule subsiste encore. Ailleurs c'est un tombeau dont la coupole isolée brille sous le soleil. Et, aussi loin que la vue peut s'étendre, la vallée du Nil se prolonge, large couloir où le fleuve accumule ses richesses.

Un peu cru sous la pleine lumière du jour, l'aspect des choses s'adoucit et devient adorable avec la nuit. « Quand l'accablante lumière a fait place à l'innombrable armée des étoiles[1] », la beauté trop éclatante atténue sa splendeur. Les couleurs s'effacent, les contours s'estompent. Quelque chose de divin est épars dans l'air calme. Certains soirs, les étoiles rapprochées se reflètent sur les eaux en traînées lumineuses ; le bateau s'avance sur une mer d'argent. C'est une tranquillité, un recueillement inexprimables.

En Europe, où les villes trop voisines et trop grandes mettent partout une agitation artificielle, nous ne connaissons pas le silence. Trop de vie grouille autour de nous. Les mille bruits pressés sur notre petite terre résonnent longtemps encore après qu'ils se sont tus. La nuit aussi est laborieuse. On sent que des hommes pensent, travaillent, s'agitent. Ici la nuit est la paix. Rien ne bouge sur la terre, rien ne s'entend. La nature entière cesse de vivre pour quelques heures. Dans ce silence, le moindre bruit vibre étrangement ; le murmure de l'eau froissée par notre bateau se répand dans l'immensité en larges ondes, et semble monter jusqu'aux étoiles.

[1] Ernest Renan.

∴

C'est toujours la Nature qu'il faut regarder pour comprendre les ouvrages des hommes; elle est le modèle originel, celui qui a frappé les regards de l'humanité première, celui qu'on a d'abord tenté d'imiter. Deux choses sont caractéristiques, dans cette vallée du Nil: les dimensions sont énormes, et les lignes sont droites. Les collines qui l'encadrent descendent perpendiculairement vers le sol; leurs flancs, dépouillés par l'ardeur du soleil, laissent voir les couches successives qui les ont formées. Jusqu'au sommet, c'est une superposition de lignes horizontales, s'élevant au-dessus de la vallée plane. La crête des collines est horizontale aussi, sans qu'un col ou un pic en vienne rompre l'uniformité droite. Et toutes ces lignes parallèles, se prolongeant à perte de vue, semblent reculer l'horizon jusqu'à l'infini.

Ces deux caractères, vous les retrouvez dans les monuments de l'ancienne Égypte. La ligne horizontale et la ligne verticale sont exclusivement employées; seules, les assises des pylônes descendent obliquement vers le sol.

Partout, c'est le « couloir » du Nil, large ou long, toujours coupé à angle droit ; les carrés succèdent aux rectangles, et les rectangles aux carrés. Nulle part l'angle n'est évité. Il est accusé au contraire, et marque le plan des moindres chapelles. Rectangulaires aussi, les sortes de « places » où s'élevaient les obélisques. Et les longues avenues de béliers, qui joignaient les temples au Nil, s'allongent toutes droites, tirées au cordeau. Les piliers ou les colonnes sont arrondis, et aussi les larges bases sur lesquelles ils reposent. Mais la toiture qu'ils supportent est faite de dalles horizontales, et eux-mêmes s'élèvent verticalement sur le sol. Avec leurs chapiteaux en forme de plantes, et rapprochées comme elles sont, ces colonnes, si l'on y met un peu de bonne volonté, rappellent assez bien les bois de palmiers qui ombrageaient les alentours des sanctuaires. — Ainsi l'imitation de la nature est sensible dans ces temples à l'aspect raide.

Vues de loin, — j'entends vues d'après les dessins et les reproductions des musées, c'est-à-dire séparées de leur cadre, — ces implacables lignes droites donnent une impression de monotonie écrasante. Et, sans doute, même en Égypte, on est un peu « écrasé » par ces masses gigantesques. Mais, si quelque monotonie subsiste, elle est causée surtout par les formes pareilles, pareilles au moins pour les profanes, qu'on retrouve dans chaque temple. Nos églises, aussi, sont construites sur un plan identique : ce qui les varie, c'est la richesse ornementale, la fantaisie inépuisable des sculptures. Cet élément de variété manque aux temples égyptiens. Les sculptures, — les ciselures, plutôt, — en creux ou en relief, n'altèrent en rien la ligne générale. Et cette ligne est la même partout.

Mais elle est la seule aussi qui convînt en ce pays. Au-dessus du fleuve aux rives plates, les terrasses et les portiques se dressent avec majesté. Il y a, en vérité, fusion intime entre la nature et les monuments. Ceux-ci répètent le dessin calme et austère des collines ; et le faîte de celles-ci, droit sous le ciel clair, semble un immense pylône gardant l'entrée d'un temple fabuleux.

*
* *

Le défaut de ces temples, c'est qu'ils « manquent d'air ». Après les pylônes et la vaste cour qu'ils dominent, la « salle hypostyle » est vraiment étouffante. Les murs sont trop hauts, trop massifs; leurs cubes de granit s'élèvent trop compacts, sans ouvertures. Le jour ne vient que d'en haut. Et il éclaire à peine le sol où se pressent des colonnes par centaines. Elles aussi sont lourdes et démesurées; l'intervalle qui les sépare est moins large que les socles où elles sont enchâssées. Parfois, un « colosse » s'ajoute aux piliers; il dresse sa forme hiératique entre deux colonnes. Et cette masse de pierre ajoute encore à l'impression d' « encombrement ». Les lignes droites se répètent, sans rien qui distraie le regard lassé.

Les statues elles-mêmes sont rigides; tantôt assises, les mains allongées sur les genoux : tantôt debout, avec les bras collés au corps, et le raide avancement de leur jambe, elles s'érigent, comme emmaillotées de granit : et les draperies mêmes, et les bandelettes de la coiffure, retombent en plis droits autour de leurs têtes ou de leurs reins. Et ces poses toujours pareilles augmentent l'accablement que donnent ces pierres amoncelées. Le regard, si l'on peut dire, a envie de fuir. Il cherche une échappée, un espace où s'étendre. Toujours des piliers, des colosses, des pylônes, trop hauts et trop larges pour la perspective.

Il n'y a pas de recul. Les colonnes au pied desquelles nous nous arrêtons sont trop hautes et trop proches pour que le rayon visuel puisse en embrasser l'ensemble ; et celles qui sont plus éloignées, nous les discernons mal, tant elles sont nombreuses et pressées, tant le regard a de peine à glisser entre leurs masses rapprochées. Un peu d'air et de lumière seulement à l'extrémité de l'étroit couloir qui traverse la salle. Là-bas, pointe un svelte obélisque, au milieu d'une place carrée ; invinciblement, on est attiré vers lui. On a hâte de voir et de respirer...

C'est pour cela que les temples les plus ruinés sont les plus beaux. Alors l'air et la lumière pénètrent par les brèches ; l'œil se repose, presque avec plaisir, sur les colonnes penchées qui n'ont pu tomber, faute de place, mais dont le plan incliné rompt enfin l'implacable rigidité du reste.

*
* *

Des bas-reliefs couvrent les murs et les piliers. C'est eux qui nous ont appris le peu que nous savons sur l'Égypte ancienne. Ils représentent des scènes familiales (certains sont d'une obscénité hardie et ingénue), des scènes de guerre ou des scènes religieuses; et leurs « récits » sont faits le plus souvent avec une naïveté amusante. Une même aventure se déroule tout le long d'une muraille ou d'une colonne; les dessins se continuent par tranches superposées, et souvent un groupe est coupé en deux par la fin du mur, comme dans les dessins des primitifs, « primitifs » de quatre mille ans plus modernes que ceux-ci... C'est une bataille, une chasse ou une pêche, une procession solennelle. Le roi reçoit les prisonniers; le roi assiste à la naissance de son fils; le roi pêche en barque sur le Nil; il chasse; il conduit un pompeux cortège où l'Apis apparaît tout pareil aux buffles qui tout à l'heure tournaient les sakiyés... Mais, monarque victorieux, heureux père, homme de sport ou grand prêtre, c'est toujours avec la même pose raide, le bras rigide tenant la lance surmontée du cartouche, la jambe tendue en avant.

Cette éternelle reproduction du même geste a de quoi surprendre. On est d'abord tenté de l'attribuer à l'inexpérience d'un art encore dans l'enfance. Mais les anciens artistes étaient fort raffinés par ailleurs. Au-dessus de ce corps unique et sans vie, des têtes sont gravées, très différentes entre elles, et si « personnelles » qu'on arrive vite à les reconnaître. Et non seulement les images des mêmes personnages se ressemblent entre elles (ce que certains de nos portraitistes pourraient envier), mais leurs physionomies sont infiniment expressives, et variées selon les scènes où ils sont mêlés... Et pourquoi un oisif intelligent ne s'appliquerait-il pas à pénétrer ainsi l'âme des anciens Égyptiens? Une liste, congrûment dressée, de tous les sentiments traduits par les minutieux artistes de jadis pourrait nous renseigner sur l'âme mystérieuse des Pharaons. Retrouverions-nous en elle précisément les mêmes sentiments qui nous agitent? En découvririons-nous d'autres, qui nous sont inconnus? Et ne serait-il pas intéressant de savoir si l'intelligence de ces hommes était faite de contrastes, raffinée et rudimentaire à la fois, comme semblent avoir été leur civilisation et leur art?...

En attendant ces précieuses découvertes, nous en sommes réduits à des suppositions. Il est probable que, dans l'Égypte ancienne comme dans tout l'Orient, l'agitation était la marque des êtres vulgaires. Le fait est que les quelques silhouettes plus animées que nous voyons aux piliers des temples appartiennent à des personnages inférieurs, serviteurs ou prisonniers. Presque partout, la divinité est impassible. Dans la théogonie égyptienne, le roi et le Dieu se confondent souvent. Il était donc naturel que l'on prêtât à l'un les qualités de l'autre. Il faut compter aussi sur la force de la tradition. Les sculpteurs se sont contentés de faire ce que leurs ancêtres avaient fait avant eux, et d'exagérer, comme il arrive toujours, les procédés de leurs aînés. En effet, les figurines de Saqqarâh, les plus vieilles, je crois, qu'on ait retrouvées, sont beaucoup plus souples et plus variées que les bas-reliefs de Louqsor ou de Karnak, qui leur sont sensiblement postérieurs.

*
* *

De ces temples enfin pourrons-nous déduire quelques indications sur la religion qu'on y pratiquait ? On en ignore presque tout. Si l'on connaît à peu près les rites du culte, on ne sait quels symboles y étaient contenus. Telle qu'elle nous apparaît, — c'est un ignorant qui parle, — cette religion nous déconcerte par sa puérilité. Le mot polythéisme n'est pas suffisant pour exprimer le nombre prodigieux des dieux qu'elle adorait. Il passe toute imagination. Non seulement chaque pays, chaque ville, chaque village avait le sien, mais chaque partie du corps; les jambes avaient leur Dieu, et les cheveux, et les mains, les bras, les épaules, les cuisses, et le reste... Jamais peuple de paresseux n'établit avec tant de précautions la division du travail! Et ces choses se combinaient avec une civilisation très avancée par ailleurs. Ces dieux étaient adorés dans des temples qui nous étonnent par leur magnificence et qui témoignent du prodigieux avancement de la science (au moins de la science mécanique). Et ce contraste déconcertant, on le retrouve partout. Certains rites semblent impliquer un sentiment de la justice assez délicat; par exemple le jugement que les Rois subissaient publiquement lors de leurs funérailles (et qui pourrait bien être une légende), et aussi celui que les morts devaient passer avant de renaître. Mais ce dernier jugement tout au moins était d'une incroyable puérilité; chaque péché ressortissait à un Dieu spécial, celui probablement qui en avait un dégoût particulier; et, parmi les fautes irrémissibles, figuraient conjointement le vol et le bavardage, l'adultère et la captation des sources... C'est je suppose, le seul exemple de péchés administratifs élevés à une aussi haute dignité.

Auprès de ces divinités à têtes d'animaux, l'anthropomorphisme le plus grossier semble supérieurement raffiné. Car il ne s'agit pas seulement d'animaux consacrés à certaines divinités, comme le hibou l'était à Minerve ou la colombe à Vénus. Horus habitait réellement le corps de l'épervier : et l'on sait quel culte on rendait aux Apis... Sans doute, ces choses s'expliquent. L'adoration des forces naturelles conduit à l'adoration des forces animales ; si le culte est un effet de la crainte, pourquoi ne pas en rendre aux buffles sauvages comme au Soleil? On retrouve ces caractères à l'origine des religions naturelles. Mais nulle, je pense, ne les a prolongés et affirmés avec plus d'enfantillage que la religion égyptienne.

Et jamais rites plus saugrenus ne furent gardés avec un soin plus jaloux. Les temples sont pleins de mystères. Pour atteindre le sanctuaire, il faut passer par de nombreuses salles ; des chapelles l'entourent et le défendent de toutes parts ; des pylônes en gardent l'approche ; trois ou quatre enceintes le protègent. Et, dans ce sanctuaire, c'était un bœuf, ou un serpent, un Horus à tête d'épervier, un Amon à tête de cheval!... Rien n'est sot, je le sais, comme de se moquer des choses; c'est le plus souvent, prouver qu'on ne les comprend pas. Mais c'est qu'en vérité nous ne pouvons plus comprendre. Pour expliquer ces anomalies, on a supposé une philosophie très avancée et très subtile, privilège des prêtres et des rois, conservée dans les temples et transmise soit par l'initiation orale, soit par des manuscrits enfermés au plus profond des sanctuaires. Et cela s'accorde assez avec l'organisation de l'ancienne Egypte; les castes superposées ne communiquant pas entre elles, il est admissible que la caste supérieure ait eu des « secrets », qu'elle les ait volontairement dérobés au vulgaire, et qu'elle ait contraint le peuple à un culte puéril par quoi elle assurait son pouvoir.

Certaines objections se présentent, toutefois. En premier lieu, ce n'est qu'une hypothèse, et il ne semble pas que rien l'ait confirmée. Au contraire, certains faits semblent la combattre. D'abord, sauf erreur, quelques-uns de ces manuscrits sont parvenus jusqu'à nous. Trouvés dans les sépultures de prêtres ou de rois, et par conséquent doublement à l'abri des profanations, ils auraient dû contenir au moins quelque fragment des mystères. Et, si je ne me trompe, ce qu'on a pu en déchiffrer confirmerait plutôt ce qu'on savait déjà sur l'enfantillage du culte vulgaire. — De plus, dans ce sanctuaire si bien gardé, où personne n'entrait que les initiés, il serait naturel que certains ornements rituels nous révélassent quelque chose, qu'ils fussent du moins plus en rapport avec l'intelligence de ceux qui avaient le droit de pénétrer jusqu'au « Saint-des-Saints ». Or, si les bas-reliefs et les sculptures y ont un caractère plus particulièrement sacré, si l'on n'y voit plus les scènes guerrières ou familières qui ornent l'extérieur et les premières salles des temples, ces bas-reliefs sont parfaitement semblables à ceux que l'on trouve ailleurs. Sur les murs de la « demeure du Dieu », c'était les mêmes images enfantines, que ce Dieu fût Amon, Phtâh, Osiris, la déesse Mout, ou le petit dieu Khonsou...

Il est enfin une objection plus générale et qui semble assez forte. C'est d'abord qu'il n'est mystère si bien gardé qui ne se découvre un jour. Nous possédons assez de « documents » sur l'Egypte ancienne pour que ce mystère nous ait été révélé s'il eût existé. C'est ensuite que les mystères les plus jalousement gardés ne sont pas toujours les « meilleurs » ; les « secrets » des religions anciennes, et nous les connaissons pour la plupart, étaient sans doute la part la plus médiocre de ces religions; et s'ils ont gardé une sorte d'attrait, c'est que le mystère est attirant par lui-même, et qu'on pense malgré soi qu'il *devait* tout de même y avoir quelque chose dans ces choses si bien cachées. En outre, on a quelque peine à concevoir ce que pourrait bien être un mystère dont la révélation eût risqué de bouleverser un État si fortement établi? Et ce dilemme vient à l'esprit: ou les castes supérieures n'y croyaient pas, et alors c'était du *bluff*, ce *bluff* si à la mode chez nos voisins d'outre-Manche, et qu'on ne s'attendait guère à voir pratiqué par les Égyptiens d'il y a six mille ans; ou ces castes supérieures y croyaient, et alors... Mais il faut révérer les égyptologues et ne point avoir d'affaires avec eux...

Et la conclusion de ce «bavardage» qu'Osiris n'eût certes pas absous? Il n'y en a pas. Ou c'est celle à quoi il faut se résigner en Égypte: regarder, sans comprendre, et se résigner aux contradictions où l'on se heurte à chaque pas. « L'Égypte est le pays des paradoxes », disait sir Alfred Milner (qui a eu depuis d'autres surprises); et s'il l'entendait surtout au point de vue politique, sa définition reste vraie d'une vérité générale. Il n'est pas un fait qui ne soit aussitôt démenti par un autre fait. Regardez ce fellah; il reste couché pendant des heures: il ignore la mesure du temps: ses mouvements sont lents et rares: il semble endormi pour la vie et pour l'éternité, incapable d'une besogne si douce qu'elle soit. Et ce même fellah travaillera sans relâche pendant des journées entières, comme ceux que je vous montrais suspendus aux chadoufs; ânier, il courra pendant cinq ou six heures derrière votre âne, sans se reposer, sans manger et sans boire; ouvrier, il est capable de fournir la plus forte dose de travail que puisse donner un être humain: à Port-Saïd, on n'a pas trouvé de machine qui parvienne à charger le charbon aussi vite que les fellahs!...

Pour en revenir à nos prêtres et à nos rois, ces anomalies constantes sont un argument à l'encontre de ce que je disais plus haut. On ne croit pas, j'espère, que j'attribue à un dilemme la faculté de résoudre des problèmes aussi délicats. J'ai voulu montrer que cet irritant contraste apparaît plus évident encore dans ces temples gigantesques, si peu en rapport, semble-t-il, avec le culte puéril qu'on y célébrait. Et pourtant ces hommes sont, au moins pour une part, nos ancêtres intellectuels; ceux dont nous descendons se sont inspirés d'eux;

songez que Platon est venu étudier chez les neveux de ces pontifes inquiétants. Leur instinct de la grandeur, dont tant de magnificences sont les preuves, ne se saurait concevoir sans un ensemble de connaissances et de pensées pareillement grandes.

Mais ce qui me semble témoigner le plus en faveur de leur intelligence, — car le sens de la beauté n'est en somme que de l'intelligence sublimée, — c'est leur profond sentiment de la nature. J'ai cherché à vous montrer comment ils avaient choisi précisément l'unique « style » architectural qui convînt à leurs pays. Leurs temples sont placés avec une admirable entente de la beauté naturelle. Il n'est pas un monument qui ne soit situé précisément à l'endroit où la Nature devait ajouter le plus de magnificence à sa magnificence « personnelle ».

Imaginez que dans quelques milliers d'années, Rome n'étant plus que décombres, on découvre quelques fragments du Vatican : le seuil de la « Porte de bronze », par exemple, quelques débris de la colonnade de Saint-Pierre, et un coin de la cour de Saint-Damase. L'idée qu'on se fera de la Ville Éternelle sera sans doute aussi fausse que celle que nous nous faisons de Thèbes. Encore cette comparaison est-elle fort insuffisante. Comment comparer une bourgade telle que Rome aux cités monstrueuses qui s'étendaient sur les bords du Nil? De Gizêh à Saqqarâh, il faut trois heures à cheval; de Saqqarâh à Dachour, il en faut cinq : et c'était Memphis. On met une grande journée à parcourir les *Tombeaux des Rois*, les *Tombeaux des Reines*, à voir *Médinet-Habou*, avec le colosse de Memnon; et c'est une partie seulement de Thèbes, dont l'autre partie, la moins importante, contient Karnak et Louqsor!...

Entre les monuments de Rome et les monuments égyptiens, il n'y a pas uniquement une différence de taille, de style et d'époque; il y a une différence de conception. Construit pour glorifier le Dieu unique et lointain, un édifice chrétien n'a d'autre souci que ce qu'on pourrait appeler, en se souvenant de Wagner, « la beauté absolue ». Les temples égyptiens, dédiés aux forces naturelles, étaient plus étroitement unis à la nature; instinctivement, les architectes de jadis en combinaient les formes pour que le Soleil et la Nuit, l'ombre et la lumière, y pussent refléter et augmenter encore leurs splendeurs. Ce n'est donc pas du seul point de vue de leur beauté propre, comme on ferait pour Saint-Pierre, qu'il faut considérer les temples égyptiens, mais comme parties d'un colossal ensemble, intimement lié à la nature. Alors les lourds édifices, mis à leur point, perdent leur pesanteur accablante; les pylônes, les raides statues elles-mêmes et les massives colonnes empruntent à la calme nature une sérénité majestueuse; les longues avenues de béliers qui rejoignent le Nil font songer à des bras implorants tendus vers le fleuve, père, créateur du sol, source intarissable de richesse et de fécondité.

On reste confondu d'admiration devant le sûr instinct de ces artistes anonymes, devant leur sentiment profond de la beauté naturelle. En face de ruines parcellaires, — tel ce temple de Kom-Ombô qui dresse sur une falaise dominant le Nil ses murailles ébréchées, — on est saisi d'une sorte de stupeur. Leur beauté est « unique » et complète ; peut-être en est-il de plus séduisantes : celle-ci n'est comparable à rien. Alors, spontanément, on trouve l'émotion qu'on « tâchait » d'avoir au musée ou dans l'intérieur des temples. Bien mieux qu'une momie tordue et profanée, ces vestiges grandioses révèlent la grandeur d'une civilisation mystérieuse et magnifique...

Quand on cherche à comprendre, c'est qu'on n'admire pas assez. Nous peinions, naguère, à démêler les contradictions et les puérilités du culte d'Amon-Ra. Maintenant la beauté nous domine. Du culte inexpliqué, il nous suffit d'imaginer seulement les rites pompeux. Les processions se déroulent, telles qu'elles sont figurées aux murailles des temples. Voici les prêtres aux longs cheveux, et à la robe traînante que relèvent les pieds chaussés de sandales; voici les danseuses sacrées, sveltes et légères, avec leur tunique flottante, et leurs bras grêles levés en amphore, au-dessus de la tête au droit profil; et voici les dieux, encore, l'Apis, au mufle tendu et aux cornes rejetées en arrière; Hathor, à tête de bœuf, portant un disque entre ses cornes; Isis, la mère, allaitant Horus et berçant l'enfant d'un geste maladroit et tendre; Horus lui-même, avec sa tête d'épervier que surmonte une haute tiare; Osiris, au chef orné de plumes, suivi de son fétiche : Anubis à tête de chacal; Amon-Ra, au pschent gigantesque, tenant une fleur de lotus... Et voici le roi, suivi de ses esclaves, de ses danseuses et de ses guerriers; de lestes lévriers l'accompagnent, tenus en laisse par des nains. Voici les porteurs d'offrandes, puis des nains encore, portant des singes et des oiseaux. Enfin, la foule du peuple, s'associant de loin avec respect aux actes des castes supérieures... Et le cortège descend les larges gradins qui s'abaissent jusqu'au fleuve. Prêtres et dieux et rois montent sur les barques sacrées qui fendent le Nil de leur proue relevée...

Et la foule grandit plus innombrable encor.
Et le sombre hypogée où s'alignent les couches
Est vide. Du milieu déserté des cartouches,
Les éperviers sacrés ont repris leur essor.

Bêtes, peuples et rois, ils vont. L'uræus d'or
S'enroule, étincelant, autour des fronts farouches;
Mais le bitume épais scelle les maigres bouches.
En tête, les grands dieux : Hor, Khnoum, Ptah, Neith, [Hathor.
Puis tous ceux que conduit Toth Ibiocéphale
Vêtus de la schenti, coiffés du pschent, ornés
Du lotus bleu. La pompe errante et triomphale

Ondule dans l'horreur des temples ruinés,
Et la lune, éclatant au froid pavé des salles,
Prolonge étrangement des ombres colossales[1].

A peine avons-nous besoin d'imaginer. Il suffit de se souvenir, tant sont précis les bas-reliefs des temples. Et, quant aux « officiants », à leur allure et à leur physionomie, nous n'avons qu'à regarder autour de nous. Les voici, avec leur profil caractéristique, leurs yeux bridés, leurs lèvres égales et l'avancement de leur menton. Nous avons là, à portée de notre main et de notre courbache, les por-

[1] Hérédia, *la Vision de Khem.*

traits vivants des prêtres et des rois d'il y a six mille ans!

De là vient, on ne peut trop le répéter, le charme unique, le charme inimaginable de l'Égypte. A chaque pas, le Présent ressuscite le Passé. L'antiquité, une antiquité lointaine à donner le vertige, s'éveille, vit, s'agite, — et mendie! — autour de nous. Il y a quelque chose de violemment burlesque à voir le visage même d'Osiris se tendre suppliant vers le bakschich. Et l'on est moins égayé encore que troublé... La religion égyptienne tient si fortement à la nature, que la nature égyptienne, à son tour, nous incline à cette religion. La doctrine de la métempsychose est encore l'une des plus satisfaisantes que les pauvres hommes aient inventées. On comprend qu'elle soit née sur cette terre où les mêmes traits du visage se perpétuent à travers les siècles. On n'est jamais bien sûr que l'enveloppe mortelle d'un ânier ne contienne pas l'âme vagabonde de Manès, ou celle même

> D'Amon-Ra le grand dieu conducteur du soleil.

Et cette prolongation d'un type identique fait apparaître plus étroite encore, et plus intime, l'union qui existe entre l'Art égyptien et la nature. Ils se tiennent de partout, si l'on peut dire. Partout l'on découvre le lien qui rattache les hommes aux dieux, les temples à la terre. On le retrouve à Esneh, dans les colonnes enfouies jusqu'au faîte : à Abydos et à Dendérah, à Edfou, qui domine avec tant de majesté

Le vieux fleuve alangui roulant des flots de plomb...

et dont le temple intact, portant à ses pylônes l'épervier héraldique, semble attendre les prêtres ressuscités d'Horus, dieu du soleil... On le retrouve à Karnak, prodigieux amoncellement de prodigieuses grandeurs; à Louqsor, dont les pieds sont baignés par le Nil, et dont les sanctuaires rapprochés d'Aménophis III, d'Alexandre et de Constantin, dominés par une mosquée récente, mesurent le large espace des temps abolis. On le retrouve encore sur la rive gauche du fleuve, où l'aspect farouche de la *Vallée des Rois* ajoute tant de sombre beauté aux tombeaux séculaires. On le retrouve à Saqqarâh, au Sérapéum et au *Mastaba* de Tî. On le retrouve à Assouân, à Éléphantine, à Philæ... Chaque ville, chaque tombeau, chaque temple empruntent et ajoutent une grandeur nouvelle à la terre où ils s'élèvent, à la lumière ardente dont ils sont baignés.

Mais ces descriptions «générales», si elles ont pu expliquer de quoi est faite principalement la beauté de l'Égypte, ne suffisent point à exprimer cette beauté même. Je voudrais, sans tenter une énumération fastidieuse, essayer de la montrer en deux de ses manifestations les plus émouvantes, par Saqqarâh et par Philæ.

SAQQARAH

De Gézireh à Bédrachein un bateau à vapeur nous conduit en deux heures et demie.

Ici, c'est le Nil «citadin». A droite, on aperçoit les pyramides de Gizeh : plus près, le musée et l'ancienne route ombragée de lebecks. A gauche, le Caire. Là-haut, la citadelle et la mosquée d'albâtre, avec ses sveltes minarets; puis la crête du Mokattam que surmonte un édifice en ruines, fort ou mosquée. Au bord du fleuve, des palais dans de vastes jardins. L'île de Rôda avance sur le Nil, bouquet de verdures et de fleurs qui se reflète dans l'eau tranquille. Des villas paraissent à travers les branches; basses, blanches, avec leur terrasse horizontale et leurs larges degrés descendant jusqu'au fleuve, elles ont conservé la forme des villas de jadis; elles sortent du Nil, toutes pareilles, à la richesse près, aux palais qu'habitait Cléopâtre. Et c'est un nouvel exemple de l' « immobilité » de ce pays. Voici maintenant des sakyiés ; à deux kilomètres du Caire, à côté d'usines de toutes sortes où gronde la vapeur, un buffle peine à retirer du fleuve quelques maigres sacs d'eau. Rien ne montre mieux et l'indifférence du peuple pour nos « progrès » et tout ce qu'il y a d'artificiel dans le vernis de civilisation qu'il doit à la domination européenne. Partout où le fellah n'est pas forcé, il reste, — ou il revient, — aux mœurs que ses pères se sont transmises... L'Égypte, a-t-on dit, ne saurait rien créer que d'immortel. Et le mot est vrai aussi bien pour ses temples que pour ses usages. Tout semble y avoir été créé une fois, et une fois pour toutes.

Le Nil tourne. Le Caire et Rôda ont disparu; les falaises méridionales du Mokattam s'allongent derrière nous. A droite, la rive est plate, plantée de cannes à sucre. A gauche, des villages passent, ombragés de sycomores ou de lebeks. Ici un vaste bâtiment carré montre sa façade blanche privée de fenêtres. C'est un bagne. Quelques soldats montent paisiblement la garde. Au moment où nous rangeons le rivage, un convoi de condamnés vient d'arriver. Ils sont une vingtaine, surveillés par de rares gardiens. Dans l'air limpide, on distingue leurs gestes, même leurs traits. Pas une « mauvaise figure » parmi eux; ils causent et rient comme de grands enfants. Manifestement, ils ne comprennent pas pourquoi on les mène ici : c'est encore une de ces fantaisies saugrenues comme en ont les Roumis! Ils s'y soumettent parce qu'ils sont les plus faibles; d'ailleurs ils seront aussi bien au bagne que dans leurs masures; ils y mangeront mieux, et n'y travailleront pas davantage. Dès lors, leur « conscience » est paisible. Pendant qu'un gardien fait ouvrir la porte, ils se sont assis, et ils attendent. Se sauver? Nul n'y songe. Pourquoi se sauveraient-ils?...

Devant nous, l'horizon s'élargit. A droite, des palmiers surgissent au-dessus des champs. Au loin, les pyramides de Dachour se profilent sur le ciel clair. A gauche, des falaises se dressent. Un large banc de sable rétrécit le cours du fleuve; derrière la plage on aperçoit Hélouân. Nous tournons encore. Notre bateau aborde un ponton. Nous sommes arrivés...

*
* *

Jusqu'à Bédrachein, la route est quelconque. Des arbres l'ombragent; elle traverse des champs de canne à sucre. Un pont conduit jusqu'au village; nous le contournons, longeant un étroit canal. Mais, le village dépassé, c'est une féerie...

Juchés sur nos bourricots, nous suivons une digue sinueuse, qui dépasse de quelques lignes à peine le lit du fleuve débordé. L'eau est lisse comme un miroir; et, sur les flots lourds de limon, le soleil met des reflets d'opale foncée. De place en place, des bouquets de palmiers jaillissent. Leurs troncs minces montent d'un seul jet jusqu'aux palmes, et leur reflet, se prolongeant dans l'eau sans rides, leur donne une longueur démesurée. Ils deviennent plus nombreux, se rapprochent de la digue. Bientôt, ils nous cernent de toutes parts. Et la route de rêve se déroule à travers la forêt inondée... Si loin qu'on puisse voir, c'est la glace du fleuve immobile, et les tiges élancées des arbres. En haut, les palmes se rejoignent, et l'on dirait un toit de verdure. La lumière, assombrie au sommet par l'épaisseur des feuilles, se fait plus éclatante à mesure qu'elle s'abaisse; l'eau miroitante la reflète et double son intensité; si bien que la base des arbres est plus éclairée que leur sommet... Il semble qu'on ne soit plus sur la vieille planète dont tous les aspects nous sont familiers. Ce paysage n'est pas terrestre. La longueur exagérée de ses arbres, l'apparence laiteuse de ses eaux, son immobilité surtout, une immobilité de mort, lui donnent je ne sais quoi de lunaire...

Ici, la forêt s'ouvre : une clairière apparaît, sorte de lac au fond duquel se dresse un village arabe : et ses masures en pisé, exactement répétées dans l'eau, semblent grimper l'une sur l'autre. Nous quittons la digue pour un instant. Une dune de sable s'élève au-dessus du fleuve. Et voici deux colosses de Ramsès II, qui barrent le chemin de leurs masses gisantes. Avec quelques vestiges où la foi la plus résolue reconnaît à peine des fondations de temples et de palais, c'est tout ce qui reste de Memphis... Sur le sol que nous foulons depuis des heures, s'élevait la ville prodigieuse, la plus vaste et la plus riche, avec Thèbes, du monde ancien. Des statues par centaines qui ornaient ses avenues, ses palais et ses temples, deux seules ont survécu.

Quelques siècles ont suffi pour que rien ne subsistât de l'une des plus surprenantes créations de l'humanité! On en veut presque à Ramsès de la figure joviale que montre son colosse brisé. Et pourtant, qui sait si l'ironique sourire qui plisse son œil de granit n'exprime pas la suprême sagesse? Qu'importent les formes successives des choses, et qu'importe que le temps ait rasé Memphis, si jusqu'à la fin du monde son nom reste gravé dans la mémoire des hommes?... Encore cet espoir est-il bien « terrestre » pour Ramsès. Il fut; il n'est plus. C'est la loi éternelle. S'il se moque, c'est de nos regrets...

*
* *

La forêt inondée commence à s'éclaircir. Les palmiers deviennent plus rares. Instinctivement, nous ralentissons l'amble de nos ânes. Nous quittons à regret cette beauté singulière... Mais déjà la forêt s'éloigne. La digue, toute droite, comme pressée d'arriver, s'allonge vers les dunes. Nous grimpons leurs pentes raides et sablonneuses. Nous passons une manière de petit col, encaissé dans le roc qui s'effrite, et les pyramides de Saqqârah émergent du sable sans fin. Encore quelques pas, et nous descendons devant la maison de Mariette.

Quelques chambres étroites et sombres, suivies d'une large terrasse couverte... C'est ici le sanctuaire même de l'égyptologie. Ces maisonnettes abritèrent les émotions les plus fortes de l'histoire de l'archéologie, des émotions auprès desquelles aucune n'a compté et ne comptera...

Les pyramides de Saqqârah n'ont pas la grandeur imposante de celles de Gizeh. La mieux conservée est « à gradins »; et sa ligne rompue est moins majestueuse. Le désert est plus mouvementé qu'à Gizeh. Le sable forme des collines assez hautes dont les lignes se brisent et se coupent sans cesse... Aussi bien, l'intérêt de Saqqârah est-il moins dans les pyramides que dans les monuments funéraires qui s'étendent sous nos pieds. De ces monuments, deux, au moins, sont d'un vif intérêt : le Sérapéum et le tombeau de Ti.

* * *

Le Sérapéum, une fois encore, nous déconcerte ! Imaginez une galerie droite creusée dans le roc, et longue d'environ quatre cents mètres. Sur cette galerie s'ouvrent vingt-cinq ou trente caveaux pratiqués en contre-bas, de telle manière que le « plafond » de la galerie et celui des caveaux soit sur le même plan horizontal. Dans chacun de ces caveaux, ou presque, un énorme sarcophage de granit, où furent gravés des inscriptions et des cartouches effacés aujourd'hui... C'est le Sérapéum, le tombeau des Apis. Les sarcophages contenaient des momies de jeunes veaux!...

Et, de nouveau, l'irritant problème se pose : comment concilier la culture des anciens Égyptiens avec la niaiserie d'un pareil culte? Notez qu'ici leur science mécanique se manifeste avec une évidence particulière. Il fallait une incroyable ingéniosité et des ressources presque infinies, pour transporter, — à travers cette galerie relativement basse, où les machines dont on usait à l'extérieur ne pouvaient être dressées, — ces pesantes masses de granit. Qu'elles fussent ou non taillées d'un seul bloc, il semble bien qu'on les transportât fermées et chargées de leur momie; un sarcophage, laissé en route, obstrue presque l'entrée de la galerie principale... Et l'on conte qu'il fut laissé là « parce que le culte des Apis cessa d'être célébré durant le trajet »!... Ce trajet durait donc des mois, peut-être des années?... Quelle besogne prodigieuse, quel prodigieux travail! Et pourquoi?...

Ajoutez que ce sanctuaire était la moindre partie du Sérapéum. Au dessus s'élevait un temple, dont on a pu reconstituer le plan, et dont les dimensions égalaient celles des temples les plus fameux!... Cette fois encore il faut regarder, sans chercher à comprendre. Ce qu'on éprouve ici, c'est de la stupeur, mélangée d'un peu de dégoût.

*
* *

Le tombeau de Ti, en revanche, n'excite que de l'admiration. Ses dimensions sont modestes; on n'en est pas accablé. Et les bas-reliefs qui ornent ses murs sont une mine inépuisable de renseignements sur la vie antique, en même temps que des merveilles d'exactitude et de finesse, j'oserai presque dire de grâce. Les attitudes sont variées avec un souci du pittoresque qu'on ne rencontre que là. En même temps, quelque chose de naïf subsiste, qui donne à ces ornements une saveur particulière. Voyez, par exemple, le bas-relief où des béliers sont lâchés dans un champ, pour y piétiner le grain et le faire pénétrer dans la terre. Il est curieux, d'abord, de voir combien était primitif le procédé de hersage dont on usait il y a quarante-cinq siècles; et cela, au moment où la machinerie était assez perfectionnée pour élever les temples que vous savez. Des fellahs frappent les béliers pour les faire courir, et leurs bras levés, leurs corps tendus en avant sont d'un mouvement juste et expressif. Plus juste encore, et d'une aisance surprenante, est le geste du fellah placé en avant; il se retourne, et présente aux béliers sa main pleine de grains : le dessin du bras et de la main et surtout l'effort du bélier pour prendre le grain sont rendus avec une vérité extraordinaire.

Puis c'est la suite des travaux agricoles : le labourage (la charrue toute pareille à celle que les fellahs emploient encore aujourd'hui), le semage, la moisson, le vannage, le transport du blé. Ailleurs, c'est la construction d'un bateau, depuis l'équarrissage des arbres jusqu'au calfatage; et ici encore (voir l'homme qui travaille à la coque du bateau) l'on trouve des attitudes aisées et souples. Certaines scènes ont quelque chose de comique : on amène les « anciens » d'un village pour payer l'impôt; et la résistance des fellahs, leur humilité, les gens de police, avec leur bâton sous le bras, font songer à quelque guignol millénaire... Et comme jamais rien ne peut nous satisfaire complètement en ce pays paradoxal, les corps souples, aisés, parfois gracieux, sont supportés par des jambes qui sont toujours dessinées « de profil », quelle que soit l'attitude du torse; et les yeux aussi sont toujours de face sur le visage de profil. Encore l'inévitable et inquiétant contraste, le même mélange de raffinement et de puérilité. Ces bas-reliefs, vraies œuvres d'art pour une moitié, ressemblent pour l'autre moitié aux dessins rudimentaires de tout jeunes enfants!...

Découvert par Mariette, complètement déblayé il y a quelques années, et protégé par le sable, le tombeau de Ti laisse voir quelques-unes des peintures qui rehaussaient ses sculptures. C'est plutôt des enluminures; les couleurs étaient mises en teintes plates; il semble y avoir quelque recherche, surtout pour les ornements et les bijoux. Mais il reste trop peu de chose pour qu'on puisse avoir une idée approchée de l'ensemble du monument. On voit seulement que les tons devaient être assez violents et que le bleu et le rouge y dominaient.

Ce qui manque surtout, c'est la vue qu'on

avait de ces monuments. L'immensité de Memphis s'étendait au pied de ces dunes de sable, ses temples et ses palais se dressaient sur les plaines où le Nil apporte ses flots indifférents. Mais des deux beautés, la beauté naturelle ou la beauté créée, quelle était la plus émouvante? Memphis dans sa gloire nous aurait-elle donné la joie que nous donnait tout à l'heure la forêt inondée? Il est consolant, malgré tout, de voir la beauté de la nature survivre et resplendir là, où plus rien ne reste qu'elle...

Philæ

D'Assouân, il n'y a pas grand'chose à dire. Rien, que ce qu'on a dit de Louqsor, et peut-être moins encore. A Louqsor, le premier aspect est «égyptien»; le temple est sur la rive même du fleuve; sa masse barre la vue; on ne soupçonne pas les quelques constructions modernes qu'on verra plus tard. L'hôtel, enfoui dans un grand jardin «tropical», a gentiment tâché à prendre l'air pharaonesque; et il y a presque réussi grâce aux nombreux emprunts faits aux ruines voisines. A Assouân, tous les bâtiments européens sont réunis sur le quai, un vrai quai en pierres, ombragé de grands arbres : la poste, le télégraphe, l' « agence », les maisons consulaires, les bureaux de l'administration, l'hôtel. Celui-ci a l'air d'un brave hôtel de province. Extrêmement propre, d'ailleurs, et confortable en dépit de quelques détails peut-être un peu trop pittoresques... Je vais tenter de m'expliquer. Il est certaines pièces retirées, — surtout dans un hôtel « à l'anglaise »... Je ne sais si je me fais comprendre?... — Il est certaines pièces où l'eau est particulièrement indispensable; or, si l'on n'en manque pas sur les bords du Nil, il est impossible de la faire monter dans l'hôtel; on l'a remplacée par du sable... Sable du désert, fait de souvenirs si vénérables, à quels usages la civilisation t'a-t-elle réduit!... Une longue pancarte explique le maniement assez compliqué de l'appareil, et se termine par ces mots, d'un évangélisme savoureux : *Visitors are respectfully requested to let the seat as they would like to find it...*

*
* *

Du quai d'Assouân, la vue est superbe. Un rocher sort de la rive, s'enfonce dans le fleuve, et projette sur lui son ombre allongée; des rocs affleurent, plus loin, autour desquels glissent les flots paisibles. Le Nil termine ici, par un angle presque droit, les sinuosités où se forme la première cataracte. En face de nous, le fleuve tourne, démesurément large. A notre droite des collines s'enfuient; le quai avec ses grands arbres se prolongent au loin. En face, de hautes roches encaissent le lit du fleuve, et le rétrécissent; quelques restes d'hypogées ou de tombes musulmanes en trouent les flancs roses et desséchés. A gauche, l'île d'Éléphantine sort de l'eau, verte et feuillue, avec une grâce exquise, mais gâtée malheureusement par l'énorme hôtel qu'on est en train d'y construire. Plus loin, un haut rocher surplombe le Nil, et porte à son sommet un fort en ruines. Les collines de l'autre rive infléchissent leur courbe au-dessus de la cataracte. Çà et là, quelques restes de l'occupation romaine. (On sait que Juvénal dut passer ici, comme fonctionnaire, quelques années d'exil.)

La population diffère un peu de celle que nous avons vue jusqu'ici. Le fellah en forme toujours la base; mais la proportion des nègres est plus forte. Une tribu de *Bichârîn* campe depuis des années aux portes de la ville; un peu plus foncés que les fellahs, sans être noirs, ils sont extrêmement souples et lestes : un pagne et une sorte de manteau de toile suffisent à les couvrir ; leurs cheveux longs et crépus sont couverts de suif ; ils portent de long colliers d'os, qui dansent sur leur poitrine. Je n'ai pas besoin d'ajouter que la tribu ne manque pas d'envoyer à Assouân des représentants qui mendient avec acharnement. Mais, par un juste retour, les fellahs leur rendent tous les coups qu'ils ont reçus eux-mêmes. Et, sans doute, existe-t-il quelque part des sous-Bichârîn à qui ceux-ci les rendent à leur tour. Rien ne se perd, a dit Lavoisier. Tout de même, il y a de quoi réfléchir, quand on voit jusqu'où se prolonge un coup de canne appliqué sur le dos d'un ânier.

***

D'Assouân à Philæ, c'est deux heures d'âne en plein désert.

On sort de la ville, on gravit, puis on redescend une basse colline, et le sable s'étend devant nous. Une route ancienne, probablement romaine, est encore marquée sur le sol. Bientôt nous côtoyons des rochers roux, qui encaissent le chemin. Nous croisons des chameaux, des ânes : des bédouins passent à cheval, leur fusil sur le dos, enveloppés de leur burnous brun bordé de blanc. Beaucoup de passants... Un mot d'Hervé me revient à la mémoire; dans je ne sais qu'elle opérette, qui se passe en Égypte, un personnage entre en scène : « Je viens du désert : il y a un monde !... »

Hélas! le monde augmente! Des ouvriers, des chantiers... On construit le chemin de fer d'Assouân à Ouady-Halfa. Nous tournons à gauche. Notre route sera plus longue, mais nous éviterons ces horreurs. Et, de nouveau, c'est le désert, mais le désert vide. Du sable, rien que du sable, jusqu'aux collines qui se dressent devant nous, et au pied desquelles nous allons passer. Le soleil est ardent. Mais l'air est tellement sec que la chaleur est supportable. On est grillé : on n'est pas bouilli... Nous avançons. Les collines déjà vues apparaissent toutes proches. Elles sont faites d'un granit admirable. C'est ici et au Mokattam qu'ont été prises presque toutes les pierres des temples de l'Égypte... Encore quelques pas... Nous avons franchi la barrière rocheuse. Et alors... Alors, c'est l'enchantement suprême : la splendeur et la grâce, la majesté et le charme, la noblesse et l'élégance; une beauté devant laquelle disparaissent toutes les beautés admirées jusqu'ici!

∴

Le Nil forme une sorte de lac ou de golfe, à l'extrémité duquel nous sommes placés. A droite et à gauche, de lourdes murailles de granit ferment une sorte de « cirque », et leurs falaises étagées descendent par degrés jusqu'au fleuve; elles y pénètrent, s'y prolongent, et s'y enfoncent peu à peu. Ce granit est noir, avec des reflets bleus d'une richesse incroyable. Même où le fleuve n'a jamais pu monter, la pierre est brillante, luisante, comme polie par les eaux. Sa surface unie, mouchetée de petites taches blanches, ne présente pas un angle; tout est arrondi, on dirait usé...

Est-ce le hasard, ou les anciens Égyptiens ont-ils pris ici leurs modèles premiers? Ces blocs de granit rappellent les lourdes silhouettes des colosses et des sphinx... Au Nord et au Sud, le Nil continue sa marche. Au Nord, les falaises s'abaissent et leurs derniers contreforts vont former la cataracte, ou, pour mieux dire, les rapides. Au Sud, sur la rive droite, les murailles noires accompagnent le fleuve. Vers la rive opposée, c'est la continuation des collines roses vues d'Assouân. Et rien ne peut exprimer l'éclat doré de ces rochers, en face des sombres falaises de la rive opposée. On dirait une énorme cuve, dont une moitié serait d'or et l'autre de fer. Au loin, en amont, quelques rochers montent, entre les falaises qui bordent le fleuve ; ce sont les îles de Bigé et d'El-Hessé, à l'extrémité du golfe.

*
* *

Sur les marches de granit noir, pas une broussaille ; pas une herbe dans les plis du sable rouge. En dehors du large sycomore qui nous abrite, pas une feuille. Et, en face de nous, toute proche, au fond même de la cuve d'or et de fer, Philæ!... Philæ, à la fois temple et oasis, qui est toute temple, et qui est toute oasis! C'est comme une gerbe gigantesque faite de verdures et de pierres. Les palmes retombent mollement sur le faîte des pylônes. Un kiosque (romain) élance au-dessus des feuilles la gracile élégance de ses colonnettes. Des pans de murs apparaissent entre les troncs dénudés des palmiers. L'île tout entière est ceinte de verdures. Et voici qu'au-dessus d'un portique, éclate sous le soleil le cartouche d'Isis...

Qu'elles sont loin maintenant, les pédantes objections au culte de l'antique Égypte ! C'est lui qui avait raison. La parfaite beauté est la parfaite sagesse. Nulle beauté n'est plus parfaite, plus universelle que celle qui resplendit sous nos yeux. Philæ fait de nous les dévots d'Isis, d'Isis-la-Mère, source et origine des choses. De son sein fécond sont sortis les dieux et les hommes. Son premier-né fut le soleil, principe éternel de vie. C'est elle qui préside aux moissons, elle qui fait germer le blé nourrisseur. C'est des semences jetées par sa main que naissent les sveltes palmiers aux feuilles retombantes. C'est sur un geste d'elle que le Nil se répand sur la terre et la couvre de son limon fait de vie. Elle a donné au Fleuve-Père un peu de son inépuisable richesse, et de son intarissable fécondité. Elle est l'Égypte même; et c'est d'elle que le pays sacré tient son austère et sereine beauté...

Le profond et sûr instinct de la nature, que j'ai signalé si souvent, vous en trouvez un exemple nouveau, et plus éclatant, à Philæ.

Jamais lieu ne fut plus propre à recevoir un temple. Située aux confins mêmes de l'Égypte, environnée de toutes parts par le désert infini, Philæ est en soi-même un miracle. Si j'ai réussi à exprimer le recueillement de ce golfe paissible, — rendu plus paisible par les rapides qui le suivent, — on comprendra de quelle émotion devaient y être saisis les pèlerins accourus des pays lointains. La beauté incomparable de la nature, l'isolement du sanctuaire, les hautes murailles qui en défendent l'accès, les îles qui le gardent, la cataracte qui le protège... tout s'unissait pour en faire le pèlerinage idéal, celui où l'on va chercher, avec un trouble nouveau, une acceptable explication de l'univers.

*
* *

Et Philæ, la merveille de l'Égypte, est aussi le résumé de son histoire.

Isis et Hathor y étaient adorés; et, dans le temple même qui leur était consacré, s'élève un temple nouveau, consacré à Trajan et à Hadrien. Ailleurs, ce sont des autels d'Auguste, de Claude, et l'obélisque fameux qui porte le nom de Cléopâtre. Le christianisme a pénétré en Égypte; et voici un bas-relief, ingénu et profond, qui nous montre saint Paul et saint Jean accueillis par Isis; et en voici un autre, où saint Athanase apparaît coiffé de la tiare d'Osiris. Pendant des années, la religion du Christ partagea Philæ avec la religion d'Isis; le même sentiment se manifestait dans le même temple, par deux cultes différents; et tous deux y gagnaient peut-être: celui du Christ, en comprenant que la nature aussi mérite qu'on l'honore; celui d'Isis, en renonçant à certains rites trop serviles; et, malgré l'édit de Théodore, les temples restent debout, les croix seulement viennent masquer les cartouches. Puis c'est l'invasion musulmane, tourbillonnante et farouche, creusant sur le monde une route faite de décombres. Philæ est en ruines; coptes et Égyptiens sont convertis, asservis, détruits. Des années passent et des années encore. Les temples à jamais vénérables sont abandonnés... Un visiteur, un jour, aborde à l'île sainte, et une inscription nouvelle s'ajoute à celles qui glorifiaient Isis, Auguste et Jésus:

L'an VI de la République, le 13 Messidor, une armée française, commandée par Bonaparte, est descendue à Alexandrie. L'armée ayant mis, vingt jours après, les Mameloucks en fuite aux Pyramides, Desaix, commandant la première division, les a poursuivis au-delà des cataractes, où il est arrivé le 13 Ventôse de l'an VII...

*
* *

Ainsi un peu de notre gloire ferme le cycle de cette histoire démesurée et surnaturelle. Ainsi, aux deux extrémités de l'Égypte, à Port-Saïd et à Philæ, c'est un nom français qui s'élève, au-dessus des ruines accumulées par les siècles : l'un célèbre par la guerre, l'autre mémorable par une œuvre de paix ; deux noms que rien ne semblait devoir joindre, et qui sont rapprochés par la destinée...

Hélas! c'est un triste symptôme quand un peuple cherche à se consoler du présent en évoquant le passé. Mais comme ce passé nous paraît proche, à l'ombre de ces temples millénaires, et comme ces deux noms opposés nous montrent avec éclat ce que nous sommes, ce que nous pouvons être, quand nous consentons à être à nous, et quand on nous permet de l'être! Ainsi ce passé serait un encouragement pour l'avenir... Si éloignée qu'elle soit de la sagesse enseignée par l'Isis éternelle et paisible, que ce soit la conclusion de ces notes.

Je les termine avec une sorte de regret. Il me semble que je quitte de nouveau cette terre d'Égypte qui envoûte tous ceux qui l'ont approchée. Je sais trop que je n'ai pu traduire le charme pénétrant qui émane d'elle; charme double, puisque chaque beauté naturelle se double d'une autre beauté, et qu'à l'imposante grandeur de la vallée du Nil s'ajoute la majesté grandiose et mélancolique d'un monde à jamais disparu. Au moins aurais-je voulu vous convaincre que ce charme existe... Vous vous rappelez l'aventure de ce professeur de mathématiques qui, interrompu au milieu d'une démonstration par la fin de l'année scolaire, disait à ses élèves : « Messieurs je n'ai pas le temps de démontrer la proposition, mais je vous donne ma parole d'honneur qu'elle est exacte... »

Je ferai comme lui. J'ajoute seulement mes excuses pour les erreurs dont je me suis rendu coupable sans le savoir.

TABLE DES MATIÈRES

Pages.

Tours, imprimerie Deslis Frères, rue Gambetta, 6.

www.ingramcontent.com/pod-product-compliance
Ingram Content Group UK Ltd.
Pitfield, Milton Keynes, MK11 3LW, UK
UKHW021051200726
13857UKWH00003B/887